당신을 위한,

기도시작반

PRAYER

당신을 위한,

기도시작반

유예일 지음

START

LESSONS

규장

10분도 기도하기 어려운 당신에게

항상 기뻐하라 쉬지 말고 기도하라 범사에 감사하라 이것이 그리
스도 예수 안에서 너희를 향하신 하나님의 뜻이니라 살전 5:16-18

크리스천이라면 모두 알고 있을 법한 유명한 말씀입니다. 그
런데 이 말씀을 지켜내는 크리스천은 과연 얼마나 될까요. 저
도 어릴 때부터 교회에 다녔지만 이 말씀대로 사는 건 불가능
하다고 생각했습니다.

'성경의 많은 은유적 표현 가운데 하나가 아닐까? 아니면 성
직자나 특별한 기도의 은사를 받은 사람, 새벽기도를 지키는
장로님이나 권사님, 소위 열심이 특심인 성도, 극한 고난을 만
난 사람의 몫이 아닐까?'

NIV 성경으로 찾아보니 "pray continually"라고 쓰여있습

니다. "기도를 지속하라"라고 풀어 설명할 수 있겠지요. 그렇다면 어떻게 기도를 지속할 수 있을까요?

물론 수련회나 부흥회, 특별 새벽기도회 때 마음먹고 기도하며 일시적으로 은혜를 누리기도 합니다. 정말이지 마른 땅에 내리는 단비처럼 영혼이 살아남을 느끼는 꿀과 같은 시간이지요 (한 번쯤은 그런 경험이 있으시지요?).

하지만 삶으로 돌아오면 기도는 곧 죽어버립니다. 빡빡한 삶 속에서 도저히 기도할 힘도, 시간도 없다고 느끼기 때문이지요. 막상 기도의 자리에 힘겹게 앉아도 10분을 넘기기가 어렵습니다.

'무슨 말을 해야 할까, 하나님이 정말 내 기도를 듣고 계신 걸까….'

하나님 음성이 육성으로 들려오는 것이 아니니 고요한 적막 속에서 혼자 떠드는 것 같습니다. 그러다 보면 금세 딴생각이 몰려오거나 갑자기 할 일이 생각나지요. 스마트폰을 몹시 들여다보고 싶어지고, 잠이 몰려와 저도 모르는 사이 꾸벅꾸벅 졸기도 합니다.

교회에서 찬양을 부르며 인도자의 안내를 따라 기도할 때는 그나마 나은데, 혼자만의 '골방'에서 기도하는 것은 어찌나 힘든지요. 하지만 기도를 지속하기를 쉬지 말아야 함은 분명한 하나님의 뜻입니다. 사실 제 마음 한구석에는 주님께 기도의 삶을 드리고 싶은 소망이 늘 있었습니다. 쉬지 않고 기도하는 삶을 살아내보고 싶었지요. 그래서 몸부림을 치며 기도를 지속하기 위한 다양한 시도를 했습니다. 그러자 놀랍게도 성령께서 제 삶에 기도가 조금씩 자라나도록, 기도할 수 있는 여러 가지 방법을 깨닫게 해주셨어요.

그래서 이제는 기도하지 않는 게 더 어려워졌지요. 또 예전의 저처럼 기도해야 하는데 안 되고, 기도하고 싶은데 못하는 사람들을 돕고 싶은 마음이 들었습니다. 이 마음을 담임목사님께 말씀드렸더니 '기도시작반'이라는 이름으로 주일 오후에 양육할 기회를 주셨지요.

그로부터 7년 동안 많은 지체를 도왔습니다. 그리고 10분도 기도하기 힘들다던 지체가 매일 1시간씩 기도하는 삶으로 변화되는 것을 지켜볼 수 있었습니다.

기도하지 못하던 삶에서 기도하는 삶으로 바뀌고 비로소 깨달은 진리가 있습니다. 쉬지 않고 기도할 때 항상 기뻐하고 범사에 감사하는 것이 가능해진다는 사실입니다. 기도를 지속하는 것이 바로 데살로니가전서 말씀이 제 삶에 실제가 되게 하는 열쇠(key)였습니다.

프롤로그

chapter **1**

기도의 시작

PRAYER

START

LESSONS

기도의 시작은 주님의 이름을 부르는 것

기도를 시작하기로 마음먹고 나니 문득 궁금해진다.

'아담과 하와가 죄를 범한 이후, 타락한 세상에서 처음 인류는 어떻게 기도를 시작했을까?'

창세기 1장부터 한 절 한 절 꼼꼼히 읽어 내려간다. 아벨에서 잠깐 눈이 멈춘다. 하나님께서 그의 예배를 받으셨다. 하지만 그는 곧 가인에게 살해당한다.

다시 읽어 내려간다. 가인의 자손은 목축업의 시조이며, 첫 음악가와 금속 장인을 배출하는 등 많은 업적을 세운다. 하지만 기도한 흔적은 찾아볼 수가 없다.

한편 하나님은 아담과 하와에게 새로운 자녀 '셋'(Seth)을 허락하셨다. 그들은 셋을 낳고 가인에게 죽임당한 아벨 대신에 얻은 자녀라고 고백한다. 예배자 아벨을 대신해서 얻은 자녀여서일까? 셋의 아들 에노스가 태어나자, 드디어 기도하는 장면이 처음으로 나온다.

셋도 아들을 낳고 그의 이름을 에노스라 하였으며 그때에 사람들
이 비로소 여호와의 이름을 불렀더라 창 4:26

'비로소'라는 단어에 가슴이 먹먹해진다. 이름을 부른다는
것은 그를 생각한다는 뜻이다. 비로소 하나님을 생각하고 그
분에게로 시선을 향한다. 주님께서 이때를 얼마나 기다리셨을
까! 내 마음속에서 은은하게 주님의 음성이 들리는 듯하다.
　'비로소 네가 나의 이름을 부르는구나. 네 시선이 내게 향하
길 기다리고 있었다.'
　우리가 일하거나 걸을 때, 근심과 염려에 싸여있거나 기쁜
일로 들떠있는 모든 순간에 주님은 우리를 기다리고 계신다.
주님을 생각하고 그분의 이름을 부르기를…. 주일예배 시간
만이 아닌 삶의 모든 순간 기다리고 계신다.

　기도를 시작하는 것은 어려운 일이 아니다. 거창하거나 특
별한 이벤트도 아니다. 주님을 생각하고, 그분의 이름을 부
르는 것이 그 시작이다. 그때 내 마음의 시선이 주님께 옮겨진
다. 그분이 내 삶으로 들어오시고, 내 삶이 그분 안으로 들어
가는 '거룩한' 연결(connection)이 일어난다.
　예전에는 기도를 시작하려고 하면 우선 부담을 느꼈다. 대
단한 결심을 해야 하고, 반드시 기도 응답을 받아내야 하며,

신령한 충만함을 받아야만 할 수 있을 것 같았다. 그래서 단단한 결심이 서지 않으면 아예 시작할 엄두조차 내지 못했다. 곧 무너져버릴 것만 같아서….

하지만 주님의 이름을 부르는 것에서 시작된다고 생각하니 점차 기도가 일어났다. 아침에 눈을 떴을 때, 길을 걷다가, 일하는 중에 잠시 눈을 감고 "아버지…" 하고 부르면 주님과 연결되는 듯했다. 그동안 내가 얼마나 하나님을 생각하지 않고 살았는지 새삼 깨달았다.

당신은 하루를 사는 동안 주님의 이름을 몇 번이나 부르는가? 주님의 이름을 불러보자. 기도가 시작될 것이다.

Step 2
마음의 시선 옮기기

예수님이 가르쳐주신 기도를 한번 살펴보자. 역시 아버지의 이름을 부르는 것에서부터 기도가 시작된다.

하늘에 계신 우리 아버지여 이름이 거룩히 여김을 받으시오며

마 6:9

먼저 아버지의 이름을 부르라. 그다음 아버지의 거룩하심을 찬양하라. 아버지의 이름이 무엇인지, 그분이 어떤 분이신지 고백하는 것이다. 이는 '내게 머물러있던 마음의 시선을 하늘에 계신 우리 아버지께 옮기는 것'이며, 기도 시작의 중요한 포인트이다.

기도한다고 하면서 여전히 마음의 시선이 내게 머물러있을 때가 많다. 내 소원, 걱정과 염려, 상황에 온통 시선을 고정한 채 기도를 시작하면 입술로만 "아버지, 아버지…"를 읊조릴 뿐, 생각이 내 안에 맴돌다 기도가 끝나버린다.

성령님의 임재를 느끼기보다는 내 생각의 소용돌이를 맴돌기만 한다. 나만을 향하고 있는 그 마음의 시선이 문제다. 이제 예수님이 가르쳐주신 기도처럼 먼저 아버지의 이름을 부르고, 다음으로 마음의 시선을 옮겨보자.

내 기도를 들으시는 하나님이 어떤 분이신지 적극적으로 생각하며 내 생각과 마음에만 집중된 시선을 들어 하나님께로 옮기자. 나와 많은 지체가 기도의 시작을 바꾸자 기도가 달라지는 것을 경험했다. 내 생각 속을 여행하는 기도가 아니라, 살아계신 하나님이 내 기도 속으로 들어오시는 것을 느낄 수 있었다.

하루는 삶의 염려와 스트레스로 무척 마음이 눌렸다. 그때 하나님을 생각해냈다. 잠시 눈을 감고 "아버지!" 하고 주님의 이름을 불렀다. 그리고 내 염려를 풀어놓기 전에 마음의 시선을 하나님께로 옮겼다. 먼저 하나님이 어떤 분이신지 적극적으로 생각하며 입술로 고백했다.

"하나님은 천지를 지으셨습니다. 하늘과 땅, 해와 달, 저 광활한 우주도 만드셨어요…."

그 순간, 내 머릿속에 영화에서 본 우주의 한 장면이 펼쳐졌다. 그러자 내 속에서 감탄이 절로 흘러나왔다.

'어마어마한 우주 속의 먼지보다도 작은 존재인 내가 부르는 하나님께서 이 모든 것을 만드셨다니, 그분이 내 기도를 들으시는 내 하나님이라니!'

내가 산을 향하여 눈을 들리라 나의 도움이 어디서 올까 나의 도움은 천지를 지으신 여호와에게서로다 시 121:1,2

그 위대한 이름의 능력이 내 가슴으로 쏟아져 내리는 것 같았다. 그러자 마음을 묵직하게 누르던 염려가 더 이상 입술로 쏟아내지 않아도 될 만큼 아주 작게 보였다. 그때 나는 '아, 하나님께 시선만 옮겨도 사는구나!'라고 깨달았다.

주님의 이름을 부르기 시작했는가? 그럼 마음의 시선을 그분께 옮겨보라. 적극적으로 주님을 생각하고, 입술로 고백해보라.

- 주님의 이름 부르기
- 마음의 시선을 주님께로 옮기기

실천했다면 ♡, 실패했다면 X로 표시하고 기도 내용 적기

	아침	오전	오후	저녁	취침전	묵상
월	♡	X	♡	X	♡	출근길에, 업무로 스트레스가 몰려오는 오후에 잠시, 그리고 잠들기 전에 주님의 이름을 부르고 마음의 시선을 그분께 옮겨봤다. 아침에 찬양을 들으며 기도하니 도움이 되었고, 오늘 하루가 기대되었다. 오후에 업무로 무척 스트레스를 받을 뻔했는데 잠시 눈을 감고 주님을 생각하니 감사하는 마음으로 바뀌었다. 잠들기 전에 스마트폰을 보는 대신 주님을 부르고 생각했더니 평안한 상태에서 잘 수 있었다. 내 힘이 되신 주님께 감사의 고백을 드린다.
화						
수						
목						
금						
토						
주일						

chapter **2**

틈틈이, 정기적으로

수시기도와 정시기도

PRAYER

START

LESSONS

수시기도

　말 그대로 '수시로' 주님의 이름을 부르는 것이다. 틈틈이 주님을 생각하는 것이기에 '틈새기도'라고 별칭을 붙일 수도 있다.

　출근길 지하철에서 스마트폰으로 뉴스나 웹툰을 보는 대신 잠시 눈을 감고 마음속으로 '아버지' 하고 불러보면 어떨까. 마음의 시선을 주님께로 옮기고 잠시라도 그분과 시간을 가져보자. 점심시간에도 산책로를 걸으며 나직이 주님을 불러보라.

　난 가끔 버스를 탈 때면 일부러 한 정거장 먼저 내려서 걸어간다. 주님과 시간을 갖기 위해서. 하늘과 구름, 꽃과 나무를 보며 이 세상을 지으신 하나님을 생각한다.

　이어폰으로 찬양을 들으며 작게 따라 부르기도 한다. 그러면 마치 바람에 흔들리는 나무가 주님을 찬양하는 듯하다. 사실 스마트폰에서만 눈을 떼어도 주님께 시선을 돌릴 수 있는 시간이 꽤 많아진다.

　사랑하는 사람에게는 틈만 나면 연락하고 싶다. 그 사람의 일상이 궁금하고, 내게 기쁘고 슬프고 힘든 일이 생겼을 때 제일 먼저 연락하고 싶다. 하나님과 그런 사이가 되어보면 어떨까. 틈날 때마다 그분의 이름을 부르며 내 이야기를 시시콜콜 건네기도 하고, 그분이 어떤 분인지 자꾸 생각하다 보면 주님과 가까운 사이가 될 것이다.

> 여호와께서 내 음성과 내 간구를 들으시므로 내가 그를 사랑하는도다 그의 귀를 내게 기울이셨으므로 내가 평생에 기도하리로다
> 시 116:1,2

언제나 내게 귀 기울이시는 분이 있다니 어찌 그분을 사랑하지 않을 수 있을까. 시편 기자의 고백이 내게는 이렇게 들린다.

"당신은 항상 내 음성과 마음에 귀 기울여 주시는군요. 그런 당신을 정말 사랑합니다. 난 평생 당신과 함께하며 당신과 얘기할 거예요."

하나님은 언제 어디서나 내가 부르면 귀 기울여 주시는 것이 가능하다. '전능하신 하나님'이 아니신가! 하지만 사람은 이렇게 해줄 수 없다. 그럼에도 서로 요구하다가 실망하고 싸우기도 한다.

나도 남편에게 이것을 바라다가 실망하고 다툰 적이 있다. 그는 진심으로 나를 사랑하지만 언제 어디서나 달려와 내 이야기를 들어줄 수는 없다. 하지만 하나님은 내 모든 것을 아

시며, 언제 어디서나 내게 귀 기울이며 함께하신다.

심지어 나를 지으시고, 나를 위해 생명을 내어주셨다. 과거에는 이런 주님의 사랑을 당연히 안다고 생각하면서도 내 일상 가운데 작은 틈도 그분께 내어드리지 않았다.

틈만 나면 스마트폰 속을 서핑하고 다녔고, 원하는 일에만 시간을 쓰기 바빴다. 얼마나 이기적이고 배은망덕했는지 모른다. 하지만 내 일상을 주님께 조금씩 내어드리고 그분을 생각하기 시작하면서 점점 달라졌다. 하나님의 사랑으로 채워지니 남편의 사랑을 갈구하기보다 오히려 그를 배려하는 마음의 여유가 생겼다.

당신도 일상의 틈새를 주님과 함께하는 시간으로 내어드려 보라. 잠시 눈을 감고 '아버지'를 부르고, 그분께 시선을 옮기며 다만 몇 마디라도 주님과 대화를 나누어 보라. 당신의 일상으로 주님을 초대하라.

• 수시기도자, 다윗

수시기도로 삶을 가득 채운 사람, '다윗'을 살펴보자. 그의 시편은 수시기도의 생생한 모습을 볼 수 있는 기도책이다(수시기도뿐 아니라 모든 기도를 배울 수 있다). 그는 시편 1편에서 복 있는 자를 이렇게 정의한다.

복 있는 사람은… 오직 여호와의 율법을 즐거워하여 그의 율법을 주야로 묵상하는도다 그는 시냇가에 심은 나무가 철을 따라 열매를 맺으며 그 잎사귀가 마르지 아니함 같으니 그가 하는 모든 일이 다 형통하리로다 시 1:1–3

여기서 '묵상'은 히브리어로 '하가' 즉, '소리를 내다'라는 뜻이다. 다윗은 밤이나 낮이나 수시로 소리 내어 주님의 말씀을 읊조렸다. 주님의 말씀을 정말로 사랑하고 소중히 여기며, 온종일 그분을 생각하면서 불렀다.

그는 자신을 '시냇가에 심은 나무'로 빗대어 표현한다. 상상해보라. 잔잔한 시냇가에 깊이 뿌리내려 양질의 양분을 공급받는 나무의 자태를. 추운 겨울을 너끈히 이겨내고, 봄이 되면 싹을 틔우고 꽃 피우며, 가을에는 풍성한 열매를 맺을 것이다.

계절마다 아름답게 자라나는 나무처럼, 밤이나 낮이나 수시로 주님을 생각하며 그분의 이름을 부르는 자는 인생의 계절마다 아름다운 열매를 맺는다. 반면 그렇지 않은 자는 바람 따라 이리저리 나부끼는 마른 잎사귀와 같다. 마치 주님을 주일에만 만나던 과거의 내 모습과 같다. 나는 상황 따라, 걱정 따라, 세상 즐거움 따라 오르락내리락, 이리저리 마구 나부꼈다.

내가 주님의 이름을 부르지도, 생각하지도 않아서 생긴 당연한 결과였는데도 어리석은 불평을 쏟아냈다.

'하나님은 능력이 없으신가? 왜 내 기도에는 응답하지 않으시지?'

물론 근심 걱정이 없는 사람은 없다. 그렇다고 그때마다 바람에 나부끼는 나뭇잎처럼 살 수도 없다. 당장 이 바람을 멈추어달라고 기도할 수 있지만, 잠깐 바람이 멎는다 한들 다시 바람이 불면 정신없이 나뒹굴 것이다.

그러나 주님의 이름을 부르며 그분과 함께하는 삶은 바람에 나뒹구는 잎사귀와 다르다. 추운 겨울이 되어 앙상해져도 뿌리를 통해 계속 공급받으며, 그 겨울을 견딜 수 있다.

내 일상으로 주님이 들어오시자 주변 사람들로부터 "편안해 보인다", "얼굴이 밝아졌다"라는 말을 들었다. 1년에 한두 번은 꼭 만나는 한 지인이 내게 말했다.

"나는 종교가 없지만 당신이 믿는 하나님이 진짜 계신 것 같군요. 당신의 얼굴이 매년 달라지는 것을 보니 왠지 그런 생각이 들어요."

빛 되신 주님께서 내 일상으로 들어오시고 그분과 사귐이 점점 늘어나면서 내 얼굴에도 그분의 빛이 드러나기 시작했다. 특별히 일이 잘 풀리거나 좋은 일이 생겨서가 아니었다. 나는 여전히 크고 작은 씨름이 반복되는 일상을 살고 있었다. 하지만 주님과 동행하는 삶으로 변화되니 상황과 상관없이 주님의 빛이 내게서 나타났다. 신기하게도 내가 말하지 않아도 주변에서 먼저 알아차렸다.

너희가 전에는 어둠이더니 이제는 주 안에서 빛이라 엡 5:8

이제 바람이 불 때만 기도하는 것이 아니라, 시냇가에 심긴 나무처럼 수시로 기도하고 언제나 주님과 함께하는 수시기도자가 되어보자.

● 수시기도자, 에녹

창세기에 기록된 에녹의 이야기는 다윗에 비해 아주 짧다. 단 몇 줄에 걸쳐 그가 야렛의 아들이고 므두셀라를 낳았으며, 인류 최초로 죽음을 보지 않고 살아서 하늘로 올라갔다고 기록되어 있다. 인류 최초의 휴거 사건이다. 근데 이 몇 줄의 기록에서 아주 흥미로운 점을 발견했다.

'에녹이 최초로 휴거된 인물이라면 최초의 죽음은? 아담은 언제 죽었지?'

가인의 살인으로 인한 '죽음' 말고 에덴동산에서 쫓겨나 사망할 수밖에 없는 운명이 되어버린 인간의 '첫 죽음'이 궁금했다. 오늘날에는 사람이 늙어서 죽는 것이 당연한 일이지만, 아담 이후 최초의 인류가 살던 시대에 죽음을 본 것은 과연 언제일까? 노아의 방주 시대, 지구를 둘러싼 궁창의 물이 다 쏟아지기 전까지 인간의 수명은 아주 길었다. 지금의 우리는 상상할 수도 없을 만큼 여러 세대가 동시대를 살았다. 그래서 나이를 계산하며 족보를 그려봤다.

• 에녹 출생 시기

아담 622세-셋 492세-에노스 387세-게난 297세-마할랄렐 227세-야렛 162세-에녹 출생

→ 7대손 에녹 출생 시, 1대 아담부터 전 세대가 생존

• 므두셀라 출생 시기

아담 687세-셋 557세-에노스 452세-게난 362세-마할랄렐 292세-야렛 227세-에녹 65세-므두셀라 출생

→ 에녹 65세에 아들 므두셀라 출생. 역시 전 세대 모두 생존

• 아담 사망 시기

아담 930세 사망-셋 800세-에노스 695세-게난 605세-마할랄렐 535세-야렛 470세-에녹 308세-므두셀라 243세-라멕 56세

→ 첫 인간 아담 사망. 인간의 생명이 끝나는 것을 처음 지켜본 후손들은 어떤 생각을 했을까?

• 에녹 휴거 시기

셋 857세-에노스 752세-게난 662세-마할랄렐 592세-야렛

527세-에녹 365세 휴거-므두셀라 300세-라멕 113세

→ 인간의 첫 휴거. 첫 인간 아담의 죽음 57년 후, 죽지 않고
살아서 하늘로 올라가는 에녹의 모습을 지켜본 자손들은 무
슨 생각을 했을까?

첫 인간, 아담 할아버지가 사망하는 모습을 지켜본 자손들
은 '죽음'이라는 것과 '죄'로 인해 죽을 수밖에 없는 인간의 무
력함에 대해 두려움과 숙연한 마음을 가졌을 것이다. 마음 깊
은 곳으로부터 하나님에 대한 '경외심'도 우러나왔을 것이다.

그리고 57년 뒤, 에녹이 인류 최초로 죽음을 거치지 않고 살
아서 하늘나라로 가는 사건이 일어난다. 죽음 이후 '휴거'를
본 자손들은 어떤 생각을 했을까? 이것은 죽을 수밖에 없는
존재가 되어버린 인간에게 '생명의 길'을 내시는 구원의 하나님
을 보여준 사건이었다. 그렇다면 에녹은 어떻게 놀라운 은혜
의 수혜자가 될 수 있었을까?

에녹의 아들 므두셀라의 이름은 '창을 던지는 자'라는 뜻을
담고 있다. 고대 부족사회에서는 창지기가 부족을 이끌었다.
그러므로 창지기가 죽으면 그 부족은 멸망한다.

즉, 므두셀라의 죽음은 인류가 멸망함을 암시한다. 실제로

노아의 할아버지인 므두셀라가 죽은 해에 대홍수가 일어났다. 에녹이 아들의 이름을 지으며 장차 올 심판을 예감했던 것은 아닐까?

> 에녹은 육십오 세에 므두셀라를 낳았고 므두셀라를 낳은 후 삼백
> 년을 하나님과 동행하며 자녀들을 낳았으며 그는 삼백육십오 세
> 를 살았더라 에녹이 하나님과 동행하더니 하나님이 그를 데려가시
> 므로 세상에 있지 아니하였더라 창 5:21-24

365세에 휴거된 에녹은 65세에 므두셀라를 낳은 후 300년 동안 하나님과 온전히 동행하는 삶을 살았다. 장차 올 심판의 날을 예감한 그가 이 땅에 연연하고 욕심내며 달려가던 삶을 멈추고, 시선을 하나님께 향하기 시작한 것이다.

사실 우리에게도 세상이 끝나는 날이 온다. 예수님이 다시 오시는 날이 바로 그날이다. 그렇다면 우리도 에녹을 본보기 삼아 시선을 그분께 향해야 한다.

성경은 에녹의 삶을 '하나님과 동행하는 삶'이었다고 평가한다. 이 얼마나 멋진 인생인가! 에녹은 전 생애 중에서 300년을 하나님과 동행했다고 계수되는데, 과연 우리는 며칠이나 계수될까?

성경에 가인의 후손들의 인생 날수가 전혀 기록되지 않은 것

이 흥미롭다. 그들이 이 땅에서 인간적인 업적은 남겼을지 모르지만, 하나님 앞에 계수된 날은 단 하루도 없었던 것이다.

믿음으로 에녹은 죽음을 보지 않고 옮겨졌으니 하나님이 그를 옮기심으로 다시 보이지 아니하였느니라 그는 옮겨지기 전에 하나님을 기쁘시게 하는 자라 하는 증거를 받았느니라 히 11:5

하나님과 동행하는 삶은 그분을 기쁘시게 한다. 에녹을 묵상하다가 하나님 입장이 되어 상상해봤다. 하늘에 계신 하나님께서 사람이 사는 땅을 내려다보신다. 모든 사람이 밭 갈고 소 기르고, 각자 자기 일에 쫓겨 땅만 보고 사는데, 수시로 고개를 들어 하나님을 바라보고 주님을 부르는 단 한 사람이 있다. 바로 에녹이다.

주님을 향한 그의 반짝이는 눈망울과 갈급한 마음이 얼마나 사랑스러우셨을까. 기꺼이 그와 동행하시며 무척 기뻐하셨을 것 같다. 300년이나 에녹과 동행하시던 어느 날, 주님이 이렇게 말씀하시지 않았을까.

"너는 나와 함께 가자. 그 땅에 사는 사람 같지 않구나. 네게 어울리는 곳은 바로 여기, 나와 함께 있는 곳 아니겠니?"

그러고는 에녹을 죽음 없이 주님 계신 곳으로 데려가시어 많은 자손에게 '하나님은 그분과 동행하는 인생에 구원의 길을 내시는 분'임을 맛보게 하신 건 아닐까.

나도 에녹처럼 수시로 주님께 얼굴을 향하여 들고 동행하며 그분을 기쁘시게 해드리고 싶다. 주님 앞에 서는 그날, 생명책에 계수된 날수가 내 인생 대부분이면 정말 좋겠다.

정시기도

'수시기도'가 일상에서 틈틈이, 수시로 하는 기도라면 '정시기도'는 시간과 장소를 정해두고 정기적으로 주님과 만나는 기도를 의미한다.

> 너는 기도할 때에 네 골방에 들어가 문을 닫고 은밀한 중에 계신 네 아버지께 기도하라 은밀한 중에 보시는 네 아버지께서 갚으시리라 마 6:6

이 본문은 외식하며 기도하는 것을 경계하신 말씀인 동시에 기도의 중요한 요소를 담고 있다. 우리는 '골방에 들어가 문을 닫고 은밀한 중에' 기도해야 한다. 즉, 하나님과 나만의 '은밀한 골방'이 있어야 한다.

우리는 소중히 여기는 사람이 생기면 자주 문자를 주고받고 틈틈이 통화도 하지만 그것만으로 관계를 이어가지는 않는다. 정기적으로 만나 식사를 하거나, 오직 그를 위한 시간을 갖는다. 또한 그렇게 노력할 때 특별한 관계로 발전할 수 있다.

'수시기도'가 틈틈이 문자를 주고받고 통화하는 것이라면, '정시기도'는 시간을 내어 하나님과 직접 얼굴을 마주하고 좀 더 깊은 얘기를 나누는 시간이다.

그런데 이런 '정시기도'로 넘어가려면 조금은 씨름이 필요하다. '수시기도'보다 좀 더 시간을 내고 애를 써야 한다. 당신이 주님과 본격적으로 시간을 갖고자 하면 사단도 긴장하며 방해할 것이기 때문이다.

내가 기획사에 소속된 배우였던 시절, 늘 체중조절이 힘든 씨름이었다. 피트니스센터에 다니며 여러 트레이너를 만났는데, 무조건 강하게 시키는 사람보다 나를 친절하고 부드럽게 이끌어주는 한 트레이너가 마음에 들었다. 나는 그와 함께 운동하며 놀라운 지혜를 발견했다.

그는 첫 시간에 천천히 그리고 섬세하게 운동 자세와 방법을 알려주었다. 운동 횟수도 결코 무리되지 않을 만큼만 정해주었고, 내 근육이 운동할 때 어떻게 변화되는지 이해할 수 있도록 친절히 설명해주었다. 그래서 운동하러 가는 발걸음이 가볍고 즐거웠다. 하지만 점점 운동 횟수가 늘고 강도도 높아졌다.

하루는 다리근육을 위한 운동을 15회씩 3세트를 하는데, 운동을 마칠 무렵 트레이너가 말했다.

"회원님, 우리 5회만 더 해볼까요?"

몸이 적응된 터라 5회 더 하는 것은 별로 어렵지 않았다. 그런데 거기서 멈추지 않고 그가 또 말했다.

"5회만 더 가볼게요."

그의 말대로 5회를 더 하자 다리가 후들후들 떨리기 시작했다. 내가 멈추려는 순간, 그가 "5회만 더 하면 1세트를 완성할 수 있어요!"라고 말했다. 짜증이 확 치밀어 올랐다. 하지만 트레이너가 친절한 미소를 지으며 운동을 거들어주었기에 다리를 후들후들 떨며 겨우 마지막 5회를 해냈다.

내가 불만을 토해내려는데, 그가 "회원님, 너무 잘하셨어요. 회원님의 몸은 오늘 달라졌을 겁니다"라고 했다. 사실 그의 말을 부정할 수 없었다. 내 다리근육은 나날이 달라졌다. 그래서 많은 사람이 트레이너를 찾아가 운동하지 않는가.

나는 센스 있는 헬스트레이너처럼 당신을 돕고 싶다. 당신이 '기도의 근육'을 기를 수 있도록 진정 최선을 다해서 도와주고 싶다. 당신이 기도하는 것을 포기하고 싶거나, 그만두고 싶어질 때 그 고비를 넘을 수 있도록 함께하고 싶다.

7년간 기도시작반에서 많은 지체들이 스스로 기도할 수 있도록 도우면서 깨달은 것이 있다. 하나님이 당신과 골방에서 만나기를 간절히 원하며 기다리신다는 것을. 주님의 그 마음이 전해져 눈물을 많이 흘렸다. 그리고 지체들이 기도의 기쁨과 능력을 깨닫고 눈빛이 달라지는 순간이 말할 수 없이 감격스러웠다.

기도 골방에서 당신은 위로와 힘을 얻을 것이다. 하나님이 어떤 분이신지, 예수님의 능력이 얼마나 위대한지, 성령님이 누구신지 알게 될 것이다. 뿐만 아니라 세상 사람들과 다를 바 없는 '선데이 크리스천'이 아닌, 진정한 그리스도인으로 변화될 것이다.

운동을 하기 전에는 씨름이 있으나, 하고 나면 개운하고 정신이 맑아지며 건강한 몸으로 변화되는 것처럼 '기도의 근육'을 기르는 것도 마찬가지이다. '정시기도'의 습관을 만들기까지 씨름이 있지만 결국은 영혼이 살아나고 인생이 달라진다.

시간 정하기

먼저 정시기도의 시간, 횟수, 위치를 정하자. 막연히 기도해야겠다고 마음먹는 것과 구체적인 환경을 정하는 것은 큰 차이가 있다.

나도 시간을 정함으로써 기도 습관이 시작되었기에 많은 지체의 훈련을 도울 때 가장 먼저 이 규칙을 정하게 했다. 앞서 운동 이야기를 한 것도 기도 습관을 만드는 것이 규칙적으로 운동하는 것과 비슷한 원리를 갖고 있기 때문이다.

한 가지 팁을 더 제시하면, 함께 시간을 정하고 규칙적으로 기도 습관을 세우는 '기도의 동역자'를 만드는 것이 좋다. 소그룹 모임을 만들어 이 책을 활용하여 함께 기도 트레이닝을 해도 좋다. 그러면 느슨해지거나 포기하고 싶어질 때, 서로를 잡아주고 밀어주는 효과를 얻을 수 있다.

● 시간

하루에 단 5분도 기도하지 않던 사람이라면 '매일 10분 기도하기'부터 시작해보자. 평소 기도 시간이 들쑥날쑥해도 15분 정도 기도하는 게 어렵지 않다면, 20분 또는 30분을 목표로 잡으면 좋다. 만약 어느 정도 기도생활을 하고 있으며, 이

번 기회에 제대로 골방 기도를 하기로 마음먹었다면 하루 1시간을 목표로 잡길 권한다.

그리고 앞서 10분, 20분, 30분과 같이 1시간 미만을 기도 시간으로 정한 경우, 기도 연습을 하면서 5분, 10분씩이라도 점차 시간을 늘리면 좋다. 우선 자신이 날마다 지킬 수 있는 만큼 정해보자. 단, 정한 기도 시간을 반드시 지키도록 최선을 다할 것을 약속하자.

● 횟수와 위치

시간을 정했다면, '횟수'와 '위치'를 정해보자. 먼저 정한 기도 시간을 하루 중 한 번에 다 할 것인지, 두 번이나 세 번에 걸쳐 할 것인지를 정하자.

예를 들어 10분을 기도하겠다고 정했다면 한 번에 하는 것을 권하고, 20분을 정했다면 10분씩 두 번에 나누어서, 30분이라면 10분씩 세 번으로 나누어서 기도할 수 있다.

다음으로 하루 중 언제 할지 '위치'를 정하자. 앞에서 언급한 20분을 10분씩 두 번으로 나누어 기도하기로 정했다면, "아침에 10분/ 자기 전 10분", 이런 식으로 어느 때에 할지를 구체적으로 정한다.

'시간이 날 때 해야지'라고 생각하여 미루면 자기 전까지 미루다가 결국은 피곤해서 포기하고 잠들 확률이 매우 높다.

따라서 위치를 정하는 것이 상당히 중요하다.

    ex. 30분, 2~3회 하기

    - 아침 15분/ 저녁 15분

    - 아침 10분/ 점심 10분/ 저녁 10분

    ex. 새벽 또는 취침 전에 집중 기도하기

    - 새벽 30분/ 취침 전 5분

    - 아침 5분/ 취침 전 30분

    ex. 가장 기도에 집중하기 좋은 시간을 1회로 잡기

    - 새벽 1시간

    - 점심 30분

    - 밤 40분

나는 조금씩 바꾸기도 하지만 정시기도는 대개 한 번에 집중적으로 1시간 이상 기도하고, 나머지는 수시기도로 채운다. 부득이한 경우는 30분씩 두 번, 오전과 밤에 정시기도를 하고, 도저히 1시간을 채울 수 없을 때는 최소한 30분에서 40분은 반드시 하려고 노력한다. 이처럼 최소한의 한계 시간을 정해두는 것이 좋다.

그리고 좀 더 기도에 집중하는 시기에는 아침과 저녁에 각각 1시간씩, 2시간을 기도하기도 한다. 물론 처음부터 그 시간을 채운 것은 아니다. 하루 15분부터 시작하여 10년간 꾸준히 기도 훈련을 하며 늘어난 '기도의 근육량'이 현재 그러하다. 당신도 자신의 기도 근육량에 맞게 정하되, 현재보다 5분이라도 더 늘리는 방향으로 세팅하면 좋다.

● 정시기도자, 다니엘

정시기도의 모범이 되는 성경의 인물을 꼽으라면, 다니엘을 빼놓을 수 없다. 그는 하루도 빠짐없이 하루에 세 번씩 골방에서 기도했다.

> 다니엘이 이 조서에 왕의 도장이 찍힌 것을 알고도 자기 집에 돌아가서는 윗방에 올라가 예루살렘으로 향한 창문을 열고 전에 하던 대로 하루 세 번씩 무릎을 꿇고 기도하며 그의 하나님께 감사하였더라 단 6:10

우리 중에 다니엘보다 바쁜 사람이 있을까. 그는 바벨론 왕국의 총리대신이었다. 그런데도 하루 세 번씩, 우상이 가득한 바벨론 왕궁에서 나와 자기 집 골방으로 들어가 기도했다. 이렇듯 기도를 삶의 우선순위에 두고 타협하지 않은 그를 하나님께선 모든 이들 가운데 높여주셨다.

엄연히 따지면 그는 포로 출신이었지만, 그의 지혜와 성품을 따를 자가 없었다. 기도의 골방을 통해 주님을 닮아가며, 그분의 지혜가 부어졌기 때문이다. 항상 기도의 자리를 지킨 다니엘에게는 위대하신 하나님의 영이 함께하시기에 믿지 않는 사람도 인정할 수밖에 없었다.

다니엘을 시기한 바벨론의 고관들은 그를 끌어내리려고 강직한 기도생활을 책잡았다. 그러나 다니엘은 기도하기를 포기하지 않고 사자 굴에 던져지는 위험까지도 불사했다. 그에게는 기도하지 않는 삶은 죽은 목숨과 다름없었기 때문이다.

그런데 이 조서를 허락한 왕이 먹지도 마시지도 않고, 모든 오락을 금하고 밤새 다니엘로 인해 잠을 이루지 못했다. 그리고 날이 밝자마자 사자 굴로 달려가 슬퍼하며 다니엘에게 묻는다.

"살아계시는 하나님의 종 다니엘아, 네가 항상 섬기는 네 하나님이 사자들에게서 능히 너를 구원하셨느냐?"

정작 사자 굴에 들어간 다니엘은 담대했고, 그를 사자 굴에 넣은 왕은 근심하며 초조했다. 결국 하나님께서는 털끝 하나 상하지 않고 당당히 걸어 나오는 다니엘을 보여주신다. 살아계신 하나님께서 기도하는 그의 자녀를 능히 살려내시는 감격스러운 장면이다. 바벨론 왕궁의 대신들은 다니엘을 죽음으로 몰아넣으려 했지만, 죽을지언정 기도를 사수한 다니엘은 사자 굴에서 능히 건지시는 능력의 하나님을 증거했다.

기도의 골방이 있는 사람은 이 세상을 살아가는 차원이 다르다. 아무리 큰 고난과 위협이 와도 결국 승리의 하나님을 경험한다. 역경 앞에서 벌벌 떠는 것이 아니라 요동하지 않는 담대함까지 누린다.

경건 훈련을 하기로 마음먹었다가 삶으로 돌아오면 또다시 기도를 미루고 타협하던 어느 날이었다. 점심 먹기 전에 식사 기도를 하는데 주님께서 내 마음에 말씀하시는 듯했다.

'네 육신의 양식은 이렇게 잘 챙겨 먹으면서 영혼은 목이 말라 죽어가는 것을 느끼지 못하니?'

순간 얼마나 찔리던지 밥이 잘 넘어가지 않았다. 육신은 배가 고프면 금방 알아차리고 조금도 참지 못하면서 내 영혼이 말씀과 기도가 부족해 시들어가는 것은 왜 그리 무딜까. 회개가 쏟아졌다. 그래서 그날 결심했다.

'아버지, 제가 이제는 말씀 보지 않으면 밥을 안 먹고, 기도하지 않으면 잠을 자지 않겠습니다. 제 영혼이 죽어가는데도 너무 안일하게 살아왔습니다.'

이 결단은 꽤 효과가 있었다. 식사하기 전이나 자기 전에 말씀을 읽고 기도해야 한다는 마음이 일어났다. 그 이후 말씀과 기도의 습관이 자리 잡으며 주님이 내 일상으로 들어오시게 되었다.

주님과 동행하는 삶이 무엇인지 조금씩 깨닫자 식사를 먼저 하더라도 놓치지 않고 말씀으로 주님을 꼭 만났으며, 늦은 시간까지 억지로 기도의 자리를 지키지 않아도 고정적으로 기도하게 되었다. 나는 가끔 식사하거나 잠들기 전에 주님께 자랑스럽게 고백한다.

'아버지, 오늘 육신뿐 아니라 영혼도 배부르게 먹고, 건강하게 호흡합니다!'

그러면 씩 웃으시며 기특해하시는 주님의 얼굴이 떠올라 행복하게 잠이 든다.

나는 정시기도의 삶을 시작하면서 삶의 차원이 달라지는 것을 느꼈다. 이전에는 세상 사람과 똑같은 고민과 염려를 하고, 이 땅에서 좀 더 잘 먹고 잘살기 위한 계획을 세우며 발버둥 쳤다.

분명 하나님을 사랑하고, 주님 보시기에 올바른 삶을 살아야 한다는 것을 머리로는 알고 있었지만, 현실로 돌아오면 적용이 되지 않았다. 비교와 경쟁의식에 사로잡혀 쇼핑 욕구가 올라오고, 자기 연민에 빠지기도 했다.

하지만 기도가 하루의 고정된 계획으로 들어오면서 하나님의 말씀이 믿음으로 힘을 얻어 마음속에 자리하기 시작했다. 똑같은 상황이라도 그것을 바라보며 느끼는 것이 완전히 달라졌고, 하나님 안에서 꿈꾸고 바라는 새로운 소망이 일어났다. 단 몇 줄로 표현하기 어려울 만큼, 그야말로 삶의 차원이 달라졌다.

또한 사단이 얼마나 이것을 싫어하는지도 느꼈다. 주의 자녀들이 기도를 시작하면 하나님과 인격적인 관계가 일어나며, 그분의 뜻이 삶에 부어지고, 영향력 있는 그리스도인으로 일어나기에 결사적으로 가로막는다. 반대로 우리를 너무나 사랑하시는 주님은 이것을 간절히 원하신다.

그렇다면 나는 누구의 마음에 반응할 것인가? '이러저러한 삶의 이유로 마음은 있지만 기도하지는 못해요'라고 답한다면, 원수는 기뻐하고 주님은 근심하실 것이다. 하지만 당신이 기도의 골방을 세우기로 결심하면 원수는 긴장하고 하나님은 기뻐하시며 반드시 당신을 도우실 것이다.

• 정시기도의 시간, 횟수, 위치 정하기

	정시기도 총 30분		수시 기도		묵상
	아침 15분	저녁 15분			
주일	♡	♡	오전	♡	오늘은 주일이다. 아침부터 종일 주님을 많이 생각하고 기도할 수 있었다. 믿음이 충만하고 기쁨이 넘친다.
			오후	♡	
			취침 전	♡	
월	♡	♡	오전	♡	아침에 일어나 15분 기도하고, 찬양을 들으며 출근했다. 이렇게 한 주간을 시작하니 참 좋다. 주님께서 힘내라고 응원해주시는 것 같았다. 자기 전에도 말씀을 읽으며 기도했다. 하나님은 나의 반석이요 힘이시다.
			오후	♡	
			취침 전	♡	
화	♡	X	오전	♡	아침 시작은 좋았는데 종일 분주했다. 너무 피곤해서 누운 채 주님을 부르고 잠깐 묵상했다. 제대로 기도 못해서 죄송하다. 그래도 잠시나마 아버지를 부르니 주님이 '힘들었지? 수고했다'라고 위로해주시는 것 같아서 감사했다.
			오후	X	
			취침 전	♡	

수	△ (-5분)	♡ (+10분)	오전	♡	저녁 정시기도 시간에 기도가 잘되었다. 그래서 계획한 시간보다 10분이나 더 했다. 이렇게 시간이 금방 가다니…. 점점 주님과 가까워지는 것 같아서 너무 좋다.
			오후	X	
			취침 전	♡	
목	X	♡	오전	X	늦잠을 자서 부랴부랴 준비하느라 정신이 없었다. 그래도 일과를 마치며 주님께 이런저런 일상을 말씀드리고, 말씀을 묵상하니 분주한 마음이 차분해졌다.
			오후	X	
			취침 전	♡	
금	X	X	오전	♡	오늘은 망했다. 일과 약속에 쫓겨 주님과의 골방 시간을 갖지 못했다. 아버지, 내일은 꼭 시간을 드려 주님 앞에 나아가겠습니다.
			오후	X	
			취침 전	X	
토	X	♡ (+15분)	오전	X	늦게 일어나서 결혼식에 다녀오느라 오전 기도 시간을 놓쳤다. 하지만 저녁 시간은 반드시 사수하고자 마음먹고 30분을 채웠다. 주님 안에 선 믿음의 가정을 꿈꾸며 믿음의 배우자를 위해 기도했다. 그러자 염려와 세상 욕심이 가라앉는 것이 느껴졌다. 역시 주님과의 기도 시간이 날 살린다.
			오후	X	
			취침 전	♡	

장소 정하기

　정시기도를 하는 장소도 중요하다. 우리가 소중한 사람과 둘만의 시간을 가지려면 다른 사람에게 방해받지 않는 최적의 장소를 염두에 두지 않을까.

　새벽 아직도 밝기 전에 예수께서 일어나 나가 한적한 곳으로 가사 거기서 기도하시더니 막 1:35

　무리를 작별하신 후에 기도하러 산으로 가시니라 막 6:46

　예수님이 정시기도 하는 모습을 성경 곳곳에서 볼 수 있다. 주님은 공생애 사역을 시작하기 전에도 기도하셨고, 세례를 받으신 다음 광야로 이끌려 40일을 금식하며 기도하신 뒤에 마귀의 시험을 이겨내셨다.

　심지어 방대한 사역으로 무척 바쁘실 때도 반드시 시간을 내어 기도하셨다. 그리고 십자가 사역을 감당하시기 전에도 마지막으로 겟세마네에서 기도하셨다.

　그런데 기도하시는 장소가 한적한 곳, 주로 산과 같은 인적이 드문 곳이다. 앞서 언급했던 다니엘 역시 바벨론 왕궁이 아닌 자기 집의 윗방에 올라가 은밀하게 기도했다. 방해 받거나 다른 곳에 시선을 빼앗기지 않기 위해 온전히 하나님께 집중할 수 있는 곳을 찾는 것이다.

나는 주로 교회 예배당에 가서 기도한다. 하지만 상황이 여의치 않을 때는 집에서 기도한다.

어느 추운 겨울날이었다. 본격적으로 집에서 정시기도 훈련을 해보려고 마음먹었는데, 추운 날씨에 계속 보일러를 틀자니 가스비가 부담스러워 온수 매트를 깔아둔 침대에서 기도를 했다. 그러다 보니 자꾸 잠이 몰려와 기도 훈련이 뜻대로 되지 않았다. 하루는 하나님께 그 심정을 토로했다.

'하나님, 기도하고 싶은데 침대 밖은 춥고, 계속 보일러를 틀자니 가스비가 부담스러워요. 침대에서는 졸려서 기도가 안 돼요.'

순간 머릿속에 구약 시대의 지성소가 생각났다. 대제사장이 하나님을 만나던 신성한 장소이자 하나님의 임재가 있던 그곳. 이어서 거룩한 장소나 하나님께 드릴 거룩한 예물에 기름을 발라 구별했다는 구약 말씀도 생각났다. 문득 이런 생각이 들었다.

'아, 이 침대에 기름을 발라 거룩한 처소로 구별되게 올려드리면 주님께서 임하시는 지성소가 되지 않을까?'

다소 엉뚱한 생각인 듯했지만 바로 실행에 옮겼다. 집에 있는 좋은 기름을 찾아보았더니 올리브유가 다 떨어졌기에 하는 수 없이 포도씨유를 예쁜 종지에 담았다. 마침 쓰던 침대가 네 귀퉁이에 뿔처럼 기둥이 있는 고풍스러운 스타일이어서 그곳에 살짝 기름을 찍어 바르며 안수기도를 했다.

"이곳은 이제 하나님의 지성소다. 이곳에서 기도할 때마다 하늘문이 열리고 주님이 임재하시므로 주님과 나만의 골방이 될 것이다!"

누가 보면 웃음을 터트릴 만큼 이상한 장면이었지만 난 진지하게 기름을 찍어 바르며 주님과 나만의 '골방 지정식'을 치렀다. 그러자 신기하게도 그날부터 졸리지 않아서 침대는 온전히 주님과 교제하는 만남의 장소, 지성소가 되었다. 어쩌면 플라시보 효과(Placebo Effect)일 수도 있지만 그만큼 나는 절실히 기도 훈련을 하고 싶었고, 주님과 만날 수 있는 골방이 간절했다.

하루는 남편이 무심코 침대 모퉁이를 만지다가 깜짝 놀라며 말했다.

"원목인데 기름 같은 게 만져지네. 왜 이렇게 미끄럽지?"

나는 웃으며 "사실은 내가 지성소 삼으려고 기름을 발랐어"라고 고백했다. 그러자 남편이 "잘했어! 그럼 이제 이곳은 지성소네"라며 기뻐했다.

나중에 기도시작반에서 '정시기도 장소 정하기'를 강의하며 이 에피소드를 말했더니 한 지체가 인상적이었는지 이스라엘에서 사온 귀한 향유를 선물해주었다.

당신도 주님과 은밀한 골방의 처소를 만들어보라. 당신의 방도 좋고, 예배당도 좋고, 집 앞 한적한 공원도 좋다. 또 평소 차로 이동하는 시간이 많다면 차 안도 좋다. 혹 미션스쿨에 다닌다면 교내 기도실도 좋다.

어떤 신혼부부가 정성들여 방 한쪽에 기도 공간을 만든 것도 보았다. 그 어떤 신혼집보다 아름다웠다. 당신도 주님과의 시간을 사모하며 찾는다면 분명 최적의 장소를 주님께서 알려주실 것이다.

chapter **3**

더 가까이

교제기도

PRAYER

START

LESSONS

친밀함으로 드리는 기도

사람이 자기의 친구와 이야기함같이 여호와께서는 모세와 대면하
여 말씀하시며 출 33:11

친구와 이야기함같이 하나님과 대면하여 말씀을 나눈 모세
의 이야기. 이 장면을 마음속에 그려보니 참 따뜻하고 소망이
된다. 마음이 통하는 벗과 대화를 나누듯이 하나님과 대화를
나눈다면 얼마나 좋을까.

어렸을 때부터 신앙생활을 해온 사람은 하나님을 가깝게
느끼고, 일상에서 자연스레 하나님께 이러저러한 말을 건넨
다. 하지만 성인이 되어 예수님을 만난 사람들은 친구처럼 주
님과 대화하는 것이 어렵다고 한다.

반면 신앙의 연차와 상관없이 성격과 기질에 따라 하나님
과 친밀한 관계를 형성하는 경우도 봤다. 나는 어렸을 때부터
신앙생활을 해온 터라 하나님께 말을 건네는 것이 어렵지는
않았다. 나도 모르게 하나님을 찾고 부를 때가 많았다.

그런데 가만히 돌아보면 주로 내가 필요할 때, 즉 내 힘으

로 무언가가 되지 않거나 간절히 바라는 것이 있을 때 주로 하나님을 불렀다. 가까운 친구와 만나서 삶을 나누는 것과 같은 교제는 거의 없었다.

전지전능한 신으로서 하나님의 능력과 도우심이 필요할 때만 주로 교제 아닌 교제를 청했다. 그때를 생각하면 주님께 죄송하고, 슬픈 마음까지 든다. 생각해보라. 내가 누군가를 너무도 사랑하는데 그가 그런 내 마음을 이용해서 자신이 필요할 때만 나를 찾는다면 얼마나 가슴이 아플까.

정말 사랑하는 사람에게는 삶의 중요한 문제는 말할 것도 없고 시시콜콜한 일상까지도 공유하고 싶어진다. 또 차마 다른 이에게는 말할 수 없는 이야기까지 나누며 그의 조언에 귀기울이게 된다. 이런 관계를 하나님과 같이 하게 된다면 얼마나 좋을까.

하늘이 높고 청량한 어느 가을날이었다. 버스를 기다리는데, 문득 불어오는 바람이 무척 시원했다. 나는 아름다운 가을 하늘을 올려다보며 마음속으로 주님께 말했다.

'아버지, 가을 하늘이 정말 예뻐요. 적당히 불어오는 바람도 기분 좋아요. 어쩌면 이렇게 운치 있는 가을을 만드셨어요! 어떻게 저런 아름다운 하늘을 지으셨나요.'

그러자 주님께서 내게 이렇게 말씀하시는 듯했다.

'예일아, 날씨가 좋은데 우리 같이 걸을까.'

버스가 도착할 때가 거의 다 되었지만, 난 과감히 몸을 돌려 걷기 시작했다. 두 정거장 정도를 걷는데, 내 옆에서 주님이 함께 걸으시는 듯한 기분이 들었다.

'주님, 그런데 왜 걷자고 하신 거예요? 무슨 하실 말씀이 있으세요?' 내가 마음속으로 묻자, '그저 내가 지은 이 좋은 가을날 너와 함께 걷고 싶었단다. 나와 함께 걸으니 좋지 않니?'라고 말씀하시는 것 같았다. 형용할 수 없을 만큼 기쁨이 차올랐다.

이 좋은 가을날의 일상을 주님과 함께 나누고, 함께 걸을 수 있다는 것이 눈물겹게 좋았다. 내 영혼을 촉촉이 적시는 단비 같은 데이트였다. 그날 이후로 주님과 부쩍 친밀해졌다. 그 거리를 지날 때면 그날의 추억이 떠올라 웃음 짓곤 했다.

어느 봄날 저녁, 탄천을 걸으며 '기도 산책'을 했다(날이 좋을 때는 종종 정시기도 장소를 산책로로 정할 때가 있다). 그날 낮에 어머니가 사역하시던 교회 선교원을 돕다가 언짢은 일이 있었다. 그것을 주님께 토로하며 불평불만을 가득 쏟아냈다.

그런데 갑자기 바람결에 실린 꽃향기가 코끝을 자극했다. 나는 순간 말을 멈추고 향기의 출처를 찾았다. 탄천 주위를 둘러보니 곳곳에 꽃이 만발해있었다. 불평에 사로잡혀 미처 꽃을 볼 새도 없었던 것이다.

꽃을 만져보고 향기를 맡으니 조금 전까지 요동치던 마음이 가라앉았다. 후각에 민감한 나를 아시는 주님이 향기를 바람에 실어 날려 보내주신 듯했다. 불평에 꽂혀있던 시선을 꽃향기로 옮겨주신 주님의 지혜와 센스가 새삼 놀라웠다. 나는 주님과 소중한 만남의 시간에 불평만 늘어놓은 것 같아 죄송한 마음이 들어 나직이 말했다.

'죄송해요, 주님. 소중한 주님과의 기도 시간인데 제가 불평만 잔뜩 늘어놓았어요. 제가 좋아하는 꽃이 가득한데 보지도 못하고 나쁜 말만 늘어놨어요.'

그러자 주님이 말씀하셨다.

'하늘을 볼래?'

그날따라 유독 구름도 없이 맑은 밤하늘에 별이 무수히 반짝였다.

'와, 정말 예뻐요.'

이어서 주님이 말씀하시는 듯했다.

'예일아, 사람은 널 감동시키기 위해 풍선을 불거나 꽃다발을 안겨줄 수 있겠지만, 난 널 위해 우주의 수많은 별을 창조했단다. 이 세상의 모든 꽃과 나무도 다 내가 만들었지. 지구에 너 한 사람만 있다 해도, 난 널 위해 이 모든 것을 창조했을 거야.'

눈물이 왈칵 쏟아졌다. 그렇다. 하나님의 스케일은 다르다. 천지를 지으신 나의 하나님께 시선을 옮기니 힘들었던 일이 아무렇지 않게 느껴졌다.

사람마다 다르겠지만, 크고 놀라우신 하나님을 바라볼 때 나는 깊은 경외심을 느낀다. 그래서 자연을 마주할 때 광대하신 주님을 자주 묵상한다. 감사하게도 내게 딱 들어맞게, 하나님께서는 교제기도 가운데 응답해주실 때가 많다.

당신은 주님과 교제의 추억이 있는가? 없다면 오늘부터 만들어보자. 주님이 당신과의 교제를 애타게 기다리신다.

솔직함으로 드리는 기도

내 마음이 심히 고민하여 죽게 되었으니 너희는 여기 머물러 깨어 있으라 하시고 조금 나아가사 땅에 엎드리어 될 수 있는 대로 이때가 자기에게서 지나가기를 구하여 이르시되 아빠 아버지여 아버지께는 모든 것이 가능하오니 이 잔을 내게서 옮기시옵소서 그러나 나의 원대로 마시옵고 아버지의 원대로 하옵소서 막 14:34-36

예수님이 잡히시기 전에 겟세마네에서 하신 기도이다. 무척 힘들게 기도하시는 모습이다. 예수님이 짊어지셔야 했던 십자가의 무게는 우리의 상상을 초월한다. 육신의 고통은 말할 것도 없고, 전 인류의 죄를 짊어지고 심판을 받으시는, 하나님의 진노와 저주가 쏟아지는 엄청난 고통의 자리였을 것이다.

또한 하나님, 성령님과 더불어 완전히 하나이신 그 연합으로부터 떨어져 홀로 값을 지불하셔야 하는 외로운 자리였다. 영화에 나오는 슈퍼 영웅처럼 초월적인 능력을 발휘하는 것이 아니라, 우리가 받아야 할 고통과 죗값을 다 받아내셔야 했기에 너무나 두렵고 떨리셨을 것이다. 예수님은 그 상한 심령을 하나님 앞에 솔직하게 쏟아놓으신다.

예수님이 하나님의 아들이심에도 땀이 핏방울같이 되도록 힘쓰고 애써 기도하신 것은, 우리에게 큰 위로를 준다. 우리의 두려움과 고통도 공감해주시기 때문이다. 또한 그분의 솔직한 기도를 통해서 우리도 하나님 앞에 솔직한 심정을 쏟아낼 용기를 얻는다.

하나님께서는 우리의 솔직한 기도를 원하신다. 진정 친밀한 관계에서 '솔직함'은 당연한 요소다. 서로 불편을 끼치지 않을 만큼 적당한 거리를 유지하는 것은 쇼윈도 관계일 뿐이다. 게다가 솔직함 없이 필요한 것만 요구한다면 더더욱 가까운 사이라 할 수 없다.

오래전 남편이 어떤 지체와 갈등이 생겨 마음이 어려웠다. 공동체 안에 있다 보면 힘든 관계가 생기기 마련인데, 조금 억울하긴 했지만, 남편은 누구에게도 불평을 늘어놓고 싶지 않았다고 한다.

그래서 하나님 앞에서 해결하기 위해 기도의 자리에 나아갔다. 여기까지는 아주 훌륭한 선택이었다. 그런데 워낙 불평불만을 싫어하는 남편인지라 하나님 앞에 나아가 모범생 같은 기도를 하기 시작했다.

'하나님, 네 이웃을 네 몸과 같이 사랑하라 하셨는데 제가 그를 미워한 것을 회개합니다. 저를 용서해주세요. 그리고 그를 용서합니다. 예수님의 사랑으로 그를 축복합니다.'

꽤 오랜 시간 그렇게 기도의 씨름을 하는데 하나님께서 받아주시는 느낌이 들지 않았다. 허공에 대고 혼자 외치는 듯한 느낌이라고나 할까. 결국 기도가 풀리지 않는 것 같아 자리에서 일어났다. 예배당에서 나와 길을 걷는데, 하나님께서 마음 한구석을 찌르시는 것 같았다.

모른 척 걸어가는 남편의 옆구리를 주님께서 계속 찌르셨다. 마치 '진짜 네 마음을 말해봐'라고 하시는 것처럼. 결국 남편이 걸음을 멈추고 조용히 말했다.

'주님, 저한테 그러시면 안 돼요. 저 진짜 잘하려고 했는데, 너무 억울하고 속상해요. 용서가 잘 안 돼요. 주님께도 서운한 마음이 들어요.'

그러고는 길거리에서 눈물을 왈칵 쏟았다. 그러자 하나님께서 말씀하셨다.

'아들아, 나는 네 솔직한 마음을 듣기 원했어. 상한 네 마음을 애기해주어 고맙구나.'

서운하고 속상한 마음을 꾹꾹 눌러 담아둔 채, 정답 같은 기도만 하려고 하니 주님께서 남편의 마음을 건드리신 것이다. 결국 갈등 관계인 지체를 용서하고 축복하며, 하나님과도 회복되었지만 우선 마음을 솔직하게 고백한 것이 진정한 교제를 가능케 한 것이다.

우리가 누군가와 관계를 맺을 때, 진짜 속마음은 숨겨놓은 채 겉으로만 좋은 이야기를 주고받는다면 어떻게 친밀해질 수 있을까. 그 누구에게도 털어놓지 못한 이야기를 주님께 고백해보자. 당신에게 생명을 내어주신 주님과 이 세상 그 누구보다 가장 친밀하고 솔직한 관계를 맺을 수 있을 것이다.

3's Practice

- 정시기도 시간에 친밀함, 솔직함으로 기도해보기
- 주님과의 대화 적어보기

	정시기도 총 30분		친밀함 & 솔직함 묵상 내용
	아침 10분	저녁 20분	
주일			
월			
화			
수			
목			
금			
토			

ex. 직장에서 마음에 들지 않는 부하직원이 있었는데, 그의 문제점만 꼽으며 내가 미워하는 것이 당연하다고 합리화했다. 하지만 내게 사랑이 없음을 솔직하게 고백하자 주님께서 내 마음을 만져주셨다. 그리고 예수님의 십자가 사랑을 상기시켜주셨다. 그 기도 후에 그를 마주하니 생각보다 밉지가 않다. 아직 부족하지만 조금씩 내 마음을 새롭게 하심을 느낀다.

적용 | 출근 시간 15분 전에 회사에 도착해서 가장 먼저 기도하기

ex. 점심시간에 사람들과 사회 이슈와 연예인 이야기로 수다를 떨곤 했는데, 오늘은 혼자 나와서 근처의 작은 공원에서 주님과 산책하는 시간을 가져보았다. 하나님의 음성이 구체적으로 들려온 것은 아니지만, 주님이 나와 함께하시는 듯한 느낌이 들면서 마음에 평안이 임했다. 앞으로도 종종 주님과 이런 시간을 가져보련다.

적용 | 일주일에 2번, 20분씩 주님과 산책 데이트하기

chapter **4**

귀를 기울여

경청기도

PRAYER

START

LESSONS

경청 연습

> 경청 : 상대의 말을 듣기만 하는 것이 아니라, 상대방이 전달하고자 하는 말의 내용은 물론이며, 그 내면에 깔려있는 동기나 정서에 귀를 기울여 듣고 이해된 바를 상대방에게 피드백하여 주는 것을 말한다. 이러한 효과적인 커뮤니케이션은 중요한 기법이다.
>
> -산업안전대사전

'경청'은 내용은 물론이고 내면에 깔린 동기나 정서에 귀를 기울여 반응하는 것이다. 상대의 말에 귀를 기울일 뿐만 아니라 그 말을 하는 뉘앙스나 심리에도 관심을 갖는 것이다. 그리고 그것을 나 혼자 생각하고 해석하는 것이 아니라, 상대에게 말해주어 공감하는 것을 포함한다.

우리 교회 양육 프로그램 중에 '결혼예비반'이 있는데, 내가 결혼 전에 이 강의를 들으면서 가장 인상적이었던 것이 바로 '경청 연습'이었다. 둘씩 짝지어서 이렇게 연습했다.

여: 나 어제 회사에서 스트레스를 너무 많이 받았어요. 그래서 일을 마치고 오는 길에 아이스크림을 잔뜩 사서 들어왔어요.

남: 어제 회사에서 스트레스가 너무 많아서 힘들었군요. 그래서 일을 마치고 오는 길에 달콤한 아이스크림을 잔뜩 사면서 기분을 풀었나 봐요.

상대가 이렇게 반응을 해주니 기분이 좋아지면서 존중받고 있다는 느낌이 들었다. 또 반대로 경청을 하려고 하니 상대의 목소리에 더 귀 기울이게 되고, 그의 내면까지도 헤아리게 되었다.

서로 몇 번의 경청을 주고받는 것만으로도 관계가 건강해지고 가까워지는 것을 느꼈다. 나아가 친밀감뿐 아니라 존중하는 마음까지 생겼다.

하나님과의 기도 시간에도 경청 연습이 필요하다. 그분의 음성에 잠잠히 귀 기울여 보는 것이다. 주님의 음성을 듣고, 그 말씀의 의미와 느낌까지도 되새겨보자.

이렇게 말하면 가장 많이 돌아오는 질문이 "어떻게 하나님의 음성을 들을 수 있나요"이다. 자신은 잘 듣지 못할 뿐더러, 들을 수도 없다고 말한다.

당신도 하나님의 음성을 들을 수 있다

내 양은 내 음성을 들으며 나는 그들을 알며 그들은 나를 따르느
니라 요 10:27

예수님을 구주로 영접한 사람은 주님의 양이므로 그분의 음
성을 들으며 따라가는 삶을 살 수 있다. 실제로 양은 목동의
음성을 기가 막히게 알아듣는다고 한다. 하물며 예수님의 생
명을 받은 우리가 그분의 음성을 못 들을 리 없다. 다만 그 목
소리에 길들여지는 데 시간이 조금 필요할 뿐이다.

처음에 아기가 태어났을 때는 자기를 돌보는 여자가 엄마
인지도 모른다고 한다. 아예 그런 개념이 없기 때문이다. 엄
마나 아빠는 물론, 자신이 자녀라는 의식이 없다. 심지어 신
생아는 자기 팔을 보고 놀라 울기도 하므로 팔까지 속싸개에
꽁꽁 싸둔다는 말을 듣고 나는 깜짝 놀랐다.

아무것도 모르는 아기는 지극한 부모의 사랑 속에 자란다.
그러다 어느 날 "엄마"라는 말을 처음 하면, 부모는 크게 감격
한다. 나는 조카를 보며 이 진리를 깨달았다. 친정엄마와 여
동생 집을 방문했을 때, 동생이 흥분해서 말했다.

"이레(조카 이름)가 내가 하는 말을 알아듣기 시작했어! 이
레야, 피아노 어디 있어? 엄마, 피아노 좀 쳐줄래?"

조카는 뒤뚱뒤뚱 귀엽게 어린이용 피아노로 달려가 건반을 꾹꾹 눌러댔다.

"호비(인형)는 어디 있어? 호비 안아줄래?"

그러자 조카는 좋아하는 인형에게 다가가 꼭 안아주었다. 친정엄마와 나도 조카의 그런 모습이 신기하고 기뻤다. 드디어 조카가 엄마의 말을 알아듣고 반응하며 소통하기 시작한 놀랍고 감격스러운 날이었다. 집으로 돌아오는 차 안에서도 그 장면이 자꾸 떠올라 눈물이 났다.

우리도 예수님을 통해 하나님의 자녀로 다시 태어났다. 죽었던 우리의 영이 예수 안에서 새롭게 태어난 것이다. 그 후로 영(Spirit)이신 하나님께서 마치 갓난아기의 부모처럼 끊임없이 우리에게 말을 걸며 사랑을 쏟아 부으신다. 하지만 아기가 처음에 부모의 말을 알아듣지 못하는 것처럼 우리도 그분의 음성을 잘 알아듣지 못한다.

그러다 아기가 엄마 품에서 꾸준히 이야기를 듣다 보면 어느새 놀랍게 알아듣고 반응하듯, 우리도 하나님의 음성을 듣고 반응하게 된다. 아이가 자라서 부모와 대화를 나누는 성인이 되듯 하나님께서도 우리와 온전한 대화를 나누길 고대하실 것이다.

우리는 목자이자 아버지이신 주님의 음성을 들을 수 있다. 부모의 품에서 자라는 아이처럼 주님 품 안에서 자라며 주님과 소통하는 기쁨의 자녀가 되자.

주님의 음성에 귀 기울이기

하나님께 경청의 귀를 열어보자고 제안하는 이유가 하나 더 있다. 보통 자신의 기도 제목을 줄줄이 늘어놓는 것이 기도의 전부라고 생각하는 경우가 많다. 그러다 보니 자신의 기도 제목이 떨어지면 더는 할 말이 없어서 기도를 멈추게 된다.

그런데 사람과의 대화에서 일방적으로 내 할 말만 잔뜩 늘어놓고 대화를 마친다면 어떨까. 상대는 꽤 기분이 언짢아 다시는 대화하고 싶지 않을 것이다. 주님과의 관계도 마찬가지 아닐까.

하나님은 인격적이시다. 그렇기에 우리를 인격적인 존재로 지으신 바로 그 창조주께서 우리와 교제 나누기를 원하시는 것은 너무나도 당연하다. 내 말을 잠시 멈추고, 잠잠히 그분께 마음을 열어보자. 당신은 분명 당신의 목자 되신 주님의 음성을 들을 수 있을 것이다.

여호와께서 지나가시는데 여호와 앞에 크고 강한 바람이 산을 가르고 바위를 부수나 바람 가운데에 여호와께서 계시지 아니하며 바람 후에 지진이 있으나 지진 가운데에도 여호와께서 계시지 아니하며 또 지진 후에 불이 있으나 불 가운데에도 여호와께서 계시지 아니하더니 불 후에 세미한 소리가 있는지라 왕상 19:11,12

'하나님의 음성을 듣는다'고 하면 신령하고, 신비하며, 황홀한 광경을 기대할지도 모르겠다. 어쩌면 그런 기대 때문에 하나님의 음성을 놓쳤을 수도 있다. 엘리야도 강한 바람이 바위를 부수는 가운데, 지진 가운데서 주님의 음성을 듣고자 했으나 들을 수가 없었다.

오히려 모든 것이 지나간 후, 아주 작고 세미한 주님의 음성이 들려왔다. 물론 신령한 경험을 할 수도 있다. 하지만 우리의 삶에서 늘 교제하는 주님의 음성은 세미하게 들려오는 경우가 더 많다.

그렇다면 우선 우리에게 익숙한 육성의 대화법에서 벗어나 보면 어떨까. 하나님의 음성이 육성으로 들려오는 것이 아니니 말이다. 마음과 생각 속에 주님의 음성이 떠오른다면 귀 기울여 보자. 하지만 언제나 정확한 문장으로 떠오르는 것은 아니다.

어떤 느낌으로 다가올 때도 있고, 장면이나 그림으로 생각날 수도 있으며, 간단한 단어나 상황에서 깨달아지는 일도 있다. 그리고 성경 구절로 말씀하실 때도 있다. 따라서 말씀을 많이 읽어야 한다. 사실 성경 구절을 통해서 세심하고 깊게 말씀하실 때가 아주 많다(이것은 '말씀으로 기도하기'에서 좀 더 언급하겠다).

영이신 하나님의 음성을 영으로 듣고 반응하는 대화법에 익숙해지기 바란다. 아기가 엄마와 많은 시간을 보내고 자꾸 엄마의 말을 듣다 보면 대화가 열리듯, 우리도 하나님께 귀를 기울이면 마음과 생각 속에 주시는 여러 말, 그림, 느낌, 성경 구절을 잡을 수 있다.

하루는 지하상가 화장품 가게에서 이것저것 둘러보고 있는데 아는 동생에게 연락이 왔다. 오랜만에 근처에 약속이 있어서 왔는데 내가 생각이 나서 연락을 했다고 했다. 그런데 만남이 조금 망설여졌다. 당시 나는 하나님을 인격적으로 만나서 많이 변화된 후였고, 동생은 그전에 주로 만났기 때문에 그랬던 것 같다.

나는 마음속으로 잠깐 하나님께 주파수를 맞추었다. 만나는 것이 좋을지 어떨지 하나님께 여쭈고 싶었다. 그런데 번뜩 머릿속에 "애앵애앵" 소리를 내며 급하게 돌아가는 구급차의 빨간 사이렌이 떠올랐다.

'응급 환자!'

빨리 이 동생을 만나라고 신호를 주시는 것 같았다. 그래서 그녀를 만났고, 내가 만난 주님을 간증했다. 그녀가 눈물을 흘리며 말했다.

"사실은 예전에 교회를 다녔었는데…. 하나님께서 언니를 통해 이제 돌아오라고 말씀하시는 것 같아요."

그리고 바로 그 주일 예배에 참석했다. 내가 쓰임 받으면서도 믿기지 않는 참 놀라운 일이었다.

만일 그저 내 생각으로 그녀를 만나지 않았다면, 그리고 사이렌이 떠올라도 무시하고 넘겨버렸다면 그녀가 주님께로 돌아오기까지 시간이 더 걸렸을지도 모른다.

내가 하나님의 음성을 제법 잘 알아듣고 있다는 사실이 놀라웠다. 당신도 사실은 하나님으로부터 많은 음성을 듣고 있음에도 그것을 놓치고 있을지 모른다.

어느 날 새벽기도 때 갑자기 '미디어' 땅(분야)을 위해서 기도해야겠다는 감동이 강하게 들었다. 오랜 시간 그 땅을 내 사명지라 여겼기 때문에 예전에는 날마다 기도했는데, 사역자로서의 삶으로 들어서면서부터 중보가 사그라들었다.

그런데 이날은 왠지 주님께서 기도하라고 강한 울림으로 내게 말씀하시는 듯했다. 그래서 순종함으로 기도했다. 미디어가 이 세상 가운데 얼마나 큰 영향력을 미치고 있는지, 그렇기에 원수가 얼마나 많은 미디어 종사자들을 유린하고 죄로 옭아매 종처럼 부리는지를 생각하자 통곡이 터져 나왔다.

또한 그 땅에서 고군분투하며 주님의 뜻대로 살아내려고 애쓰는 주의 종들을 향한 중보가 쏟아졌다. 내가 아는 지인 중에도 이를 위해 분투하는 영화사 대표님이 있다. 주님의 인도하심으로 인연이 되어 3년간 함께 예배했고, 〈완전 소중한 사랑〉이라는 영화에 배우로 참여했었다. 그 분을 중보하는데 불현듯 떠오른 말씀이 있었다.

> 너희는 강하고 담대하라 두려워하지 말라 그들 앞에서 떨지 말라
> 이는 네 하나님 여호와 그가 너와 함께 가시며 결코 너를 떠나지
> 아니하시며 버리지 아니하실 것임이라 신 31:6

주님께서 '이 말씀을 그에게 보내주어라'라고 말씀하시는 듯했다. 그래서 카톡으로 말씀을 전송했다. 대표님으로부터 바로 "아멘!!" 하고 답장이 왔다. 그리고 얼마 후에 영화사에서 작가로 일하도록 다리를 놓아주었던 자매가 내게 말했다.

"대표님께서 올해 뽑은 말씀이 바로 그 말씀이래요! 요즘 조금 지쳐있었는데 그 말씀으로 큰 위로를 받으신 거 같아요. 어떻게 그 말씀을 보내신 거예요?"

난 그저 새벽기도 때 주님께서 주신 감동으로 중보를 시작했고, 기도 중에 생각난 말씀을 전송하라는 음성에 순종했을

뿐인데…. 하나님께서 그에게 들려주고픈 음성이었던 것이다.

하나님의 음성을 듣는 삶

하나님의 음성을 들으면 주님과 친밀한 관계로 발전하는 것은 물론이고, 다른 영혼을 향한 하나님의 뜻에 쓰임 받을 기회도 얻는다.

우리가 학교나 직장에서 만나는 사람들과의 관계 속에서 주님의 음성과 함께한다면 그곳, 그 영혼에게 주님의 마음을 전하는 통로가 될 수 있다. 이는 이 땅에서 예수님을 증거해야 하는 우리의 사명과도 일치한다. 나의 일터와 만남에서 주님의 음성에 귀 기울여 보자.

나는 어쿠스틱 밴드 '민트그린'이라는 팀에서 보컬과 작사를 맡아 5년 정도 활동을 했다. 멤버 모두가 크리스천이었는데, CCM 장르는 아니었지만 복음의 향기를 은유적으로 표현하고자 고심하며 함께 예배했다. 나는 팀 안에서 여러 곡의 가사를 썼다. 기도의 골방을 통해 주님으로부터 영감을 받아 쓸 수 있었다.

그 중에 〈너는 걸작품〉이라는 곡은 김우현 감독님의 다큐

멘터리 〈팔복 시리즈 3편-온유한 자는 복이 있나니〉의 주인
공 정재완 시인에게 영감을 받아서 썼다. 몸이 조금 불편한 시
인은 하나님을 만난 후 새사람으로 거듭났다. 그후 그는 주
님 안에서 회복된 자존감으로 자신은 물론 다른 친구를 가리
키면서 이렇게 말한다.

"너는 하나님의 걸작품이다!"

이 장면에서 전율이 올랐다. 눈물이 하염없이 흘렀다. 나도
과거에 연기자로 성공하고자 발버둥 치며 늘 경쟁과 비교, 열
등감에 시달리던 과거의 내 모습이 생각나서…. 나는 예수님
을 인격적으로 만나면서 비로소 자유하게 되었다.

시인의 변화와 고백의 지점이 내 경험과도 통하여 깊은 공
감을 할 수 있었다. 마치 주님께서 내게 하시는 말씀으로 들
려왔고, 또 과거의 정재완 시인이나 나 같은 수많은 영혼에게
들려주고픈 하나님의 마음으로 느껴졌다.

그러면서 기도하는데 주님께서 '노래로 만들어라' 하고 말
씀하시는 것 같았다. 이후 가사가 계속 떠올랐다. 그 가사에
팀의 다른 자매의 아이디어를 합하여 곡을 완성할 수 있었다.
그야말로 주님의 음성을 들으며 한 걸음 한 걸음 가는 과정이
었다.

나는 단 한 명에게 "당신은 하나님께서 만드신 걸작품입니
다"라고 들려줄 수 있다면, 그의 영혼에 주님의 음성을 전하는

통로가 될 것이라 믿었다. 실제로 공연하면서 청중들로부터 이 노래를 통해 "자존감이 회복되는 느낌을 받았다", "치유되는 기분이 들었다"라는 피드백을 받았다.

특히 '랩을 섞어서 만들라'라는 감동도 주셨는데, 이는 어쿠스틱 장르를 다루던 팀의 스타일에서 벗어난 예외적인 시도였다(팀의 자작곡 중 유일하게 이 노래에 랩이 들어갔다). 그런데 최근 중고등부 수련회에서 기도 강의를 제안받아 준비하는 가운데 주님께서 마음속에 말씀하셨다.

'아이들에게 〈너는 걸작품〉을 불러주렴. 그들에게 내가 들려주고픈 말이란다. 이 곡을 랩으로 만들라고 한 이유가 이때를 위함이기도 했단다.'

'아, 주님, 그랬군요. 전 상상도 할 수 없던 미래의 큰 그림을 주님은 이미 그리고 계셨군요.'

사실 어쿠스틱 밴드를 하던 시절, 유명세를 타는 상상을 하며 열심을 냈다. '예배하고 기도하며 만든 곡들로 우리를 사용해주시지 않을까' 하는 기대도 했다. 하지만 5년의 활동을 끝으로 팀이 해체될 때는 무척 가슴이 아팠다.

'그간의 시간들은 뭘까? 기도하며 받은 가사로 만든 곡들은 다 사라지는 것일까?'

당시에는 이해가 되지 않았다. 그런데 시간이 한참 흐른 뒤에 기도 강의를 하며 다음세대의 눈높이에 맞춘 노래를 해줄 수 있다니…. 나로서는 전혀 상상할 수 없는 그림이었다.

강의 시간에 먼저 노래로 시작을 하니, 그것도 랩이 섞인 경쾌한 곡으로 문을 여니 중고등부 학생들의 관심을 모을 수 있었다. 다시 한번 '여호와 이레', 앞서 예비하시는 주님의 지혜와 사랑에 감동했고, 나보다 나를 잘 아시며 삶을 이끄시는 참된 목자이신 주님께 감사했다.

하나님의 음성을 들으면서 살면 주님과 친밀한 교제를 나눌 수 있을 뿐 아니라 내가 있는 그 자리에 하나님의 뜻이 부어지며, 주님의 향기를 퍼뜨릴 기회를 얻는다.

그날 밤에 주께서 바울 곁에 서서 이르시되 담대하라 네가 예루살
렘에서 나의 일을 증언한 것같이 로마에서도 증언하여야 하리라
하시니라 행 23:11

하나님의 음성을 듣는 삶은 어떤 역경과 고난도 견디게 한다. 오직 주님만이 우리를 붙드시고, 평안 가운데 머무르게 하실 수 있기 때문이다.

많은 동역자와 선지자들이 예루살렘으로 향하는 바울을 만류했다. 그곳에 가면 위험을 만나게 될 것이라고. 잡히고 매이며 생명을 잃을 수도 있다고. 하지만 바울은 예루살렘으로 발걸음을 향했고, 잡히고 매이는 신세가 되었다.

하지만 주님께서 그의 곁에서 함께하셨다. 그가 이 모든 상황을 담대히 감당할 수 있도록 견고히 붙잡아주셨다.

만일 그가 하나님의 음성을 들을 수 없었다면 고난을 감당할 수 있었을까? 결코 그럴 수 없었을 것이다. 많은 사람이 그를 염려하여 울며 붙잡았지만, 그는 마음속 깊은 곳으로부터 강하게 들려오는 주님의 음성에 순종하지 않을 수 없었다.

그리스도인을 잡아 죽이던 그가 위대한 사도로 변화된 것 역시 다메섹으로 달려가던 그에게 임했던 예수님의 빛, 곧 주님의 음성으로부터 시작되었다. 복음을 위해 자신의 목숨을 조금도 아끼지 않았던 바울에게 언제나 주님이 함께하셨다.

내가 막 고3이 되었을 때, 아버지가 췌장암인 것이 발견되었다. 암 부위를 제대로 수술할 수도 없는 상태였다. 하지만 아버지는 1년 가까이 투병을 하면서도 거의 불평을 하지 않았다. 자기연민에 빠지지도 않았다.

남겨질 가족들 때문에 눈물 흘리며 온몸이 땀으로 젖도록 힘써 기도했지만, 언제나 아버지의 입에서는 하나님을 향한 찬양이 끊이질 않았다.

내 기억 속의 아버지는 출근하기 전, 새벽에 일찍 일어나 성경 필사를 하거나 찬양을 흥얼거리거나 말씀을 암송하며 하나님의 음성에 귀 기울였다. 아버지가 제일 좋아하는 성경 구절은 시편 23편이었다.

아버지가 이 구절을 되뇌며 눈물을 훔치는 모습도 종종 보았다. 그렇게 하나님의 음성에 귀 기울이던 아버지는 암 투병의 시간도 그 힘으로 견디었다.

그리고 고3 겨울, 내 수능을 9일 앞두고 주님 곁으로 가셨다. 아버지는 조금 일찍 우리 곁을 떠났지만, 무력하게 고통받다 간 것이 아니라 하나님과 동행하며 잘 견디다가 그토록 사랑하는 주님 품으로 가셨다.

내가 중학생일 때, 어머니가 며칠간 교회 수양회를 가느라 집을 비웠다. 그래서 등굣길에 아버지께 필요한 용돈을 달라고 했다. 보통 때라면 바로 줬을 텐데 아버지는 "급한 것이 아니면 식탁 위에 놔둘 테니 학원 가기 전에 집에 들러 가져가라"라고 했다.

하교 후, 집에 와서 식탁을 보니 용돈은 없고, 조그만 메모지가 있었다.

'안방 화장대에 가보시오.'

안방 화장대로 가보니 '장롱 속을 보시오'라고 쓴 쪽지가 있었다. 장롱 속에는 또 다른 장소를 가리키는 메모지가 있었다. 그렇게 한참을 왔다갔다 온 집안을 보물찾기하듯 돌아다녔다. 그러다 마지막이 성경책이었다.

'시편 23편을 펴보시오.'

성경을 펼쳐보니 쪽지와 함께 용돈이 들어있었다.

'사랑하는 딸, 아빠가 제일 좋아하는 구절이 시편 23편이란 다. 만우절날 아빠가.'

왔다갔다 하느라 짜증이 났던 나는 웃음이 빵 터져버렸다. 그리고 만우절이라고 장난을 치는 아버지의 유머와 함께 시편 23편이 내 기억에 깊게 새겨졌다. 그래서 성인이 되어 예수님 을 인격적으로 만난 지금도 이 말씀이 참 좋다. 때론 만우절의 아버지가 생각나서 눈물이 나기도 한다.

'하나님의 음성을 들으며 동행하는 인생이었기에 아버지는 그렇게 살아낼 수가 있었고, 인생의 마지막 고난의 시기도 버 티어 낼 수가 있었구나.'

이제 나도 그 비밀을 알았다. 주님의 음성에 귀 기울이지 않 고는 삶이라는 이 정글을 헤쳐 나가는 것이 불가능함을. 하나 님의 음성을 듣는 삶이 시편 23편의 말씀을 실제가 되게 한다 는 것을.

내가 사망의 음침한 골짜기로 다닐지라도 해를 두려워하지 않을 것은 주께서 나와 함께하심이라 주의 지팡이와 막대기가 나를 안 위하시나이다 시 23:4

하나님의 음성을 잘못 듣는다면

그런데 만약 주님의 음성을 잘못 알아듣는다면 어떨까? 하나님의 음성이 아닌 내 자아의 소리가 들려올 때도 있고, 때론 원수가 우리를 거짓으로 유혹할 수도 있다. 그럴 때는 어떻게 해야 할까?

내가 섬기는 교회에는 청년이 상당히 많다. 90퍼센트가 20, 30대로 구성되어 있다. 간혹 장년 성도가 새로 오면 청년부 예배냐고 물어볼 정도이다. 그러다 보니 이성에 관심이 많고 결혼이 중요한 관심사이다. 종종 청년들이 상담을 청할 때가 있는데, 어떤 이성에게 관심이 생긴 경우가 제법 있다.

얘기를 들어보면 그 이성이 자신의 짝이라는 사인을 하나님께 받았다고 즉, 음성을 들었다고 한다. 꿈을 꾸었는데 주님이 주신 메시지인 것 같다고도 한다. 그런데 가만히 들어보면 자신의 바람 때문에 들려오는 자아의 음성이거나 사단의 달콤한 유혹으로 느껴질 때도 있다. 그래서 그들이 잘 분별할 수 있도록 최선을 다해 조언하려고 한다.

스스로 분별이 어려울 때는 공동체의 도움을 받길 권한다. 더불어 영적 지도자의 지도를 받는 것도 중요하다. 스스로 하나님의 음성에 귀를 기울이되 어떤 중요한 문제를 결정할 때는 분별이 필요하다. 이때 함께 기도 제목을 나누고 기도해주는 공동체가 큰 도움이 된다.

특히 개인적인 욕심이나 상처가 개입될 때 우리는 자아의 음성을 들을 수도 있고, 원수의 거짓말에 속을 수도 있다. 또 신학적이고 말씀에 근거한 분별이 필요한 경우도 많다.

이때 하나님께서 세우신 영적 지도자들의 도움을 받아 올바른 판단을 할 수 있다. 따라서 당신이 건강한 공동체와 영적 지도자의 도움 아래 하나님의 음성을 들으며 그분과의 관계를 더 깊고 풍성하게 이어나가길 권한다.

그리고 혹여 잘못 들었다 해도 크게 걱정하지 않아도 된다. 우리 주님께는 합력하여 선을 이루시는 능력이 있기 때문이다. 그러니 잘못 들을 수도 있다는 유연한 마음을 가지라. 그것이 두려워 주님의 음성 듣기를 포기한다면 너무도 많은 것을 놓치게 된다.

나는 기도 노트에 내 기도 제목뿐 아니라 '경청'한 기도도 써둔다. 하나님의 음성에 귀 기울인 내용을 적는다. 그림을 그려 넣을 때도 있다. 그리고 나중에 시간이 흐르면서 확인이 되면 O, X로 표시한다. 그러면서 깨닫는다.

'이건 정말 하나님께서 내게 주신 말씀이었고, 그분께서 이루셨구나.'

'이건 내 욕심이나 생각으로 인해서 잘못 들었구나.'

앞서 말한 것처럼 공동체 안에서 나누면서 더 확증된 것도 있었고, 잘못 들은 것을 분별할 때도 있었다.

당신도 기도 제목만 줄줄이 늘어놓는 것을 잠깐 멈추고, 하나님의 음성에 귀를 기울여 보라. 기도의 골방을 당신의 목소리로만 가득 채우지 말고, 주님의 음성에 귀 기울이라. 당신도 분명 하나님 아버지의 음성을 들을 수 있을 것이다.

• 경청기도를 하고 기록해보기

 (단어, 문장, 그림, 느낌, 성경 구절 등 망설이지 말고 과감하게 써보자)

ex. 2013. 9. 3. 경청기도 가운데 머릿속에 떠오른 모습을 기도 노트
에 그려 넣었다. 들려온 말씀과 함께.

기치를 높이 들라!

네게 허락한 땅에서 나의 이름을 높이 드는 자로 살아내렴.

네가 하는 것이 아니라, 내가 하는 거야.

내가 너와 함께하며 너를 사로잡을 것이다.

아픔에 눌려있고, 마귀에게 유린당하는 자들을 위해 기도하라.

두려워 말고 의심을 던져버리라.

내가 너와 함께함이라.

chapter **5**

오직 한 분께

찬양기도

PRAYER

START

LESSONS

찬양으로 드리는 고백

이 백성은 내가 나를 위하여 지었나니 나를 찬송하게 하려 함이니
라 사 43:21

예배 시간에 온 회중이 함께 찬양하는 것은 우리에게 너무
나 익숙하다. 게다가 요즘은 선교단체의 찬양 집회에 참석하
는 성도도 제법 많다. 그들은 뜨겁게 찬양하며 주님을 예배한
다. 그런데 당신의 골방에서, 주님과 단둘이 있는 기도 시간에
찬양을 불러본 적이 있는가? 회중과 함께 부르는 찬양 말고
오롯이 혼자서 말이다.

아직 한 번도 없다면 오늘부터 시작해보라. 찬양 반주가
없어도 괜찮다. 심지어 음치여도 좋다. 주님께서는 너무도 흐
뭇하게 당신의 찬양에 귀를 기울이며 기쁘게 받으실 것이다.

하나님께서는 우리의 찬양을 받기에 합당하시며, 찬송 받
기 위해 우리를 지으셨다. 그렇다면 회중과 함께 예배드리는
시간뿐 아니라 골방 예배 처소에서도 찬양을 올려드리는 것이
너무나 당연하고 자연스러운 일이 아니겠는가.

나는 혼자 기도하는 '골방 정시기도' 시간에 자주 찬양을 부른다. 아무도 보지도, 듣지도 않는 곳에서 오직 나의 하나님을 향해 찬양을 한다. 그때마다 말로 다 할 수 없는 감격과 은혜, 기쁨, 영광, 감사가 밀려온다.

찬양 가사의 한 구절 한 구절이 주님을 향한 내 노래가 되고 기도가 된다. 기타를 치며 찬양을 부를 때도 있고, 무반주로 목소리로만 잔잔하게 올려드릴 때도 있으며, 목소리로만은 부족해서 춤을 출 때도 있다. 그것은 어떤 기도 제목보다 강력한 기도가 된다. 어떤 교제보다 친밀한 주님과의 교제가 일어난다.

찬양을 통해 내 고백이 주님께 올려지고, 찬양을 통해 주님의 마음이 내 안에 흘러들어온다. 찬양 가운데 주님과 하나 되며, 그분의 임재 가운데 충만히 머무는 은혜를 경험한다.

나를 지으신 주님 내 안에 계셔
처음부터 내 삶은 그의 손에 있었죠
내 이름 아시죠 내 모든 생각도
내 흐르는 눈물 그가 닦아주셨죠

그는 내 아버지 난 그의 소유
내가 어딜 가든지 날 떠나지 않죠

내 이름 아시죠 내 모든 생각도
아바라 부를 때 그가 들으시죠

내가 정말 좋아하는 찬양이다. 어떤 날은 이 찬양을 부르
고 또 부르다 보니 30분이 훌쩍 지난 적도 있다. 그 어떤 말보
다 내 심정이 담기고, 아버지의 마음이 담긴 노래 같아서 한참
을 부른 다음에 울며 웃으며 기도했다.

위대한 기도, 찬양

God gave us music that we might pray without words.
　하나님께서는 우리에게 말없이 기도할 수 있는 음악(찬양)을
　주셨다.

길을 가다가 악기상점에 적힌 이 글을 우연히 보았다. 한창
찬양으로 기도하는 기쁨을 알아가던 시기였기에 마치 주님께
서 보여주시는 응답 같았다. 사실 처음에 얼핏 보았을 때는
이렇게 읽었다.

God gave us music that we mighty pray without words.

하나님께서는 우리에게 말없는 위대한 기도인 음악(찬양)을 주셨다.

'might'를 'mighty'로 잘못 읽었다. 그 어떤 말보다 위대하고 강력한 기도, 찬양! 길을 가다가 멈춰 서서 한참을 보았다. 눈물이 맺혔다. 주님께서 내게 말씀하시는 것 같았다.

'딸아, 내가 네 찬양을 기뻐한다. 많은 말을 하지 않아도 날 향한 찬양이 기쁜 기도 소리로 들려오는구나.'

내 찬양기도를 기쁘게 들으시는 주님께서 격려해주시는 메시지 같았다. 콧노래로 찬양을 흥얼거리며 걸어갔다. 주님과 천국을 걷는 기분이었다.

> 그가 이러한 명령을 받아 그들을 깊은 옥에 가두고 그 발을 차꼬에 든든히 채웠더니 한밤중에 바울과 실라가 기도하고 하나님을 찬송하매 죄수들이 듣더라 이에 갑자기 큰 지진이 나서 옥터가 움직이고 문이 곧 다 열리며 모든 사람의 매인 것이 다 벗어진지라
>
> 행 16:24-26

찬송은 주님의 선하심과 위대하심을 높여드리는 고백이며, 그러한 하나님을 '주인'으로 인정하는 믿음의 고백이다. 그렇기에 어떤 기도보다 강력한 믿음의 기도가 될 수 있다.

바울과 실라는 선한 일을 하다가, 주님의 뜻인 복음을 전하다가 옥에 갇히는 고난을 겪었다. 만약 나라면 '선한 일을 했는데 왜 이런 어려움을 당하냐'며 불평을 토로했을지도 모르겠다.

하지만 그들은 고난 속에서도 주님은 선하시며, 언제나 옳으시고, 모든 일의 '주' 되심을 인정하며 그분을 높여드렸다. 억울함과 두려움에 떨며 눈물 흘리는 대신 찬송을 올려드렸다. 그러자 어두운 밤, 그 찬송이 죄수들의 귀에 들렸다.

죄와 어둠의 노예가 되어 눌려있던 그들에게 빛이 임했다. 그들은 찬송 소리에서 주님의 임재를 느끼지 않았을까. 이내 찬송은 옥터를 흔들더니 감옥 문을 열었다. 어둠에 '매여있던' 모든 자가 벗어지는 '놓임'이 임했다.

주님을 찬송할 때 우리는 매였던 세상으로부터, 묶였던 어둠으로부터 자유롭게 된다. 찬양하는 그 자리에 바로 주님의 임재와 능력이 부어진다. 물론 우리는 힘들고 어려운 상황에 처할 때 솔직한 심정을 토로할 수 있다. 하지만 그때 찬양을 불러보면 어떨까. 그 모든 상황 속에서 우릴 자유롭게 하시는 사랑과 능력의 하나님을 찬양해보자.

나는 매년 여름이면 단기선교를 가는데, 2018년에 여섯 번째로 인도에 다녀왔다. 전년에는 12시간 정도 비행하여 콜카

타에 도착했는데, 우리를 픽업하기로 한 운전기사와 연락이 닿지 않았다. 자정을 훌쩍 넘긴 새벽, 비행기가 연착되어 기다리다 잠이 든 모양이었다.

우리를 픽업하러 온 선교사님이 계속 기사에게 연락을 취했지만 불통이었다. 그 새벽에 다른 차편을 알아보는 것은 불가능했고, 많은 짐과 팀원이 택시로 이동하는 것도 무리였다.

우선 최소한의 인원이라도 선교사님의 차로 이동하며 주변 선교사님들의 도움을 받기로 했다. 긴 이동 시간으로 지친 팀원들은 황망하게 미아처럼 공항에 남겨졌다. 일체 불평의 말을 하지 않기로 훈련하고 왔기에 아무도 입을 열지는 않았지만, 불안과 피곤, 불평이 모두의 표정에 역력했다.

이때 주님께서 옥에 갇힌 바울과 실라의 찬양을 생각나게 해주셨다. 나는 팀원들을 모아 이 말씀을 나누며 찬양하자고 제안했다. 우린 마음의 시선을 최대한 주님께로 향하고 작은 소리로 찬양을 읊조렸다.

어둡고 음울한 공항에 우리의 찬양이 은은하게 울리자 하늘문이 열리는 듯했다. 한국말로 부르니 육신의 귀로는 알아들을 수 없었겠지만, 주변의 인도 사람들의 영혼을 향해서도 찬양이 울려 퍼지는 듯했다. 그 땅에서의 선교가 공항에서부터 시작되는 것 같았다.

지쳤던 우리도 찬양과 함께 다시 살아났다. 찬양을 부르는

도중에 놀랍게도 연락이 안 되던 기사님이 나타났다. 이 사건으로 우리 팀은 기쁨이 충만하여 차에 오를 수 있었다. 그리고 어떤 기도보다 주님을 찬양하는 것이 상황을 넘어 자유케 되며 주님의 일하심을 경험케 되는 위대한 기도임을 깨달았다.

내 손을 주께 높이 듭니다
내 찬양 받으실 주님
내 맘을 주께 활짝 엽니다
내 찬양 받으실 주님
슬픔 대신 희락을, 재 대신 화관을
근심 대신 찬송을, 찬송의 옷을 주셨네

많은 크리스천이 즐겨 부르는 이 찬양은 내 스승이자 영적 어머니이신 박미래 목사님이 지으신 찬송시다. 나는 실제로 이 가사처럼 살아내시는 목사님을 오랜 시간 옆에서 지켜보면서 배울 수 있었다.

목사님은 스물아홉 나이에 급작스레 남편을 하늘나라로 떠나보내셨다. 품에는 돌도 안 된 어린 아들이 남았지만 목사님은 그때를 회상하며 이렇게 말씀하신다.

"너무나도 따뜻하게 살 수 있었던 것은 찬송의 옷 때문이었고, 그 누구보다 기쁘게 살 수 있었던 것도 다름 아닌 찬양의 삶 때문이었다."

이 찬양시도 주님을 더욱 높여드리고 싶은 마음에서 '손을 보다 더 높이 들어 더욱 더 하나님께 향할 수만 있다면…' 하고 갈망하던 어느 날 자신도 모르게 터져 나온 고백이었다고 한다. 이후 교수직을 내려놓고 목회자의 길을 가며 나와 수많은 영적 자녀들을 낳고 기르셨다. 슬픔 대신 하나님을 향한 찬송의 기도가 목사님을 지금까지 이끈 놀라운 비결이었다.

기도가 찬양이 되게 하라

여호와 우리 주여 주의 이름이 온 땅에 어찌 그리 아름다운지요 주의 영광이 하늘을 덮었나이다… 주의 손가락으로 만드신 주의 하늘과 주께서 베풀어 두신 달과 별들을 내가 보오니 사람이 무엇이기에 주께서 그를 생각하시며 인자가 무엇이기에 주께서 그를 돌보시나이까 시 8:1,3,4

찬양기도는 곡조를 붙인 노래에 국한되는 것이 아니라 당신의 기도 자체가 찬양이 되는 것, 즉 기도의 내용을 찬양으로 채우는 것을 말한다. 즉 기도 내용으로 주님의 사랑과 선하심과 위대하심을 찬양하는 것이다. 그렇다면 이제 당신의 기도 내용을 돌아보자.

혹시 구하는 기도로만 채워져 있지 않은가? 당신의 기도에 주님의 신실하심과 자비하심을 노래하고, 예수 이름의 능력을 찬양하는 내용이 담겨있는가?

성경 속 수많은 기도를 살펴보면 원하고 바라는 것을 구하는 기도도 있지만, 주님을 높이며 찬양하는 기도가 많다.

> 이르되 내가 모태에서 알몸으로 나왔사온즉 또한 알몸이 그리로 돌아가올지라 주신 이도 여호와시요 거두신 이도 여호와시오니 여호와의 이름이 찬송을 받으실지니이다 하고 이 모든 일에 욥이 범죄하지 아니하고 하나님을 향하여 원망하지 아니하니라 욥 1:21,22

욥 선배님의 고백 앞에서 절로 고개가 숙여진다. 그는 참담한 고난 속에서도 원망하며 입술로 범죄하지 아니하고, 하나님께 찬양을 올려드린다. 과연 주님의 자랑스러운 의인이다.

사단은 하나님께 도전했다. 땅에서 누릴 수 있는 많은 복을 허락하셨기에 그가 주님을 찬양하는 것이지, 그것을 빼앗는다면 주님을 원망하고 돌아설 것이라고. 욥의 믿음이 그저 기복신앙에 머물러있다고 주장하고 싶었던 것이다.

사단은 하나님과 욥의 관계를 깨트리고 싶어 했다. 하지만 욥의 중심을 아시는 하나님께서는 사단에게 보여주고 싶으셨던 것 같다. 더불어 그의 믿음이 더욱 자라나며, 하나님과의 관계가 이전보다 더 견고케 되길 원하셨을 것이다.

우리가 감히 욥만큼은 아니어도 주님께 찬송의 기도를 올려드리면 어떨까. 하박국 말씀에서도 상황과 상관없이 주님께 감사의 찬양기도를 올려드리는 고백을 발견할 수 있다.

비록 무화과나무가 무성하지 못하며 포도나무에 열매가 없으며 감람나무에 소출이 없으며 밭에 먹을 것이 없으며 우리에 양이 없으며 외양간에 소가 없을지라도 나는 여호와로 말미암아 즐거워하며 나의 구원의 하나님으로 말미암아 기뻐하리로다 주 여호와는 나의 힘이시라 나의 발을 사슴과 같게 하사 나를 나의 높은 곳으로 다니게 하시리로다 합 3:17-19

복음성가로도 만들어져 많이 불리는 친숙한 말씀이다. 나도 주일학교 시절, 율동까지 해가며 즐겨 불렀다. 하지만 그때는 이 고백이 어떠한 의미인지도 잘 모른 채 신나는 율동곡으로만 기억했다.

그런데 어른이 되어 하박국 말씀을 묵상하며 이것이 얼마나 놀라운 찬양인지 새삼 깨달았다. 이는 아무것도 없는 캄캄한 상황 속에서 오직 주님으로 인해 즐거워하며 기뻐하겠다는 위대한 신앙의 고백이다.

실제로 나는 어려움을 겪을 때, 내가 너무도 작아 보이는 상황 속에서 이 찬양을 기도로 불렀다. 당연히 처음부터 기쁘게 부른 것은 아니었다. 조금은 슬프게 힘없이 입을 뗐다. 하지만 어느새 이 찬송 가사가 실제 나의 고백으로 변화되어 감을 느낄 수 있었다.

"난 여호와로 즐거워하리, 난 구원의 하나님을 인해 기뻐하리라."

이 찬송시가 나의 입술을 타고 흘러나가 다시 나의 귀에 들려오면서, 마음속 믿음으로 조금씩 자라나는 것 같았다. 그러자 그 찬송이 하늘문을 열고 주님의 평안으로 내려와 나를 감싸 안았다.

어느새 나는 주일학교 어린아이로 돌아가 마냥 고민 없이 부모 품에 안겨 노래하는 아이처럼 주님께 기대어 찬양할 수 있었다. 주님을 찬양하는 기도는 때론 어떤 말보다 강력하게 주님의 능력과 평안을 경험하는 자리로 인도한다.

당신도 아무도 보지 않는 골방에서 오직 주님을 향한 찬양을 불러보라. 놀라운 평안과 기쁨을 경험할 수 있을 것이다.

- 주님을 향한 당신의 찬송시 써보기
- 좋아하는 찬양을 골라 골방에서 부르기

ex.

아무것도 두려워 말라

주 나의 하나님이 지켜주시네

놀라지 마라 겁내지 마라

주님 나를 지켜주시네

내 맘이 힘에 겨워 지칠지라도

주님 나를 지켜주시네

세상의 험한 풍파 몰아칠 때도

주님 나를 지켜주시네

주님은 나의 산성 주님은 나의 요새

주님은 나의 소망 나의 힘이 되신 여호와

적용 │ 오늘 이 찬양을 골방에서 부르면서 큰 힘을 얻었다. 얼마나 눈물이 나던
지…. 여러 고민과 염려로 눌려있던 내 마음에 주님께서 말씀해주시는 듯했다. 오
직 나의 소망 되시며 힘이 되시는 주님만을 붙들며 다시 일어나야겠다.

chapter **6**

소리내어 읊조리는

말씀기도

PRAYER

START

LESSONS

말의 힘

태초에 하나님께서 말씀으로 천지를 지으셨다. 그리고 모든 피조물 가운데 그분의 형상을 따라 지음 받은 영적인 존재인 사람만이 '말'을 할 줄 안다.

그런데 죄로 타락한 우리는 '말'을 가볍게 여겨 너무나 쉽게 말을 하고, 말로써 자신을 더럽힌다. 어리석은 말, 남을 공격하는 말도 서슴지 않는다. 그럼에도 말의 위력을 깨닫고 주장하는 의견들도 많다.

한 다큐멘터리를 본 적이 있다. 밥을 지어 두 병에 나누어 담은 다음 한쪽에는 "고마워", "사랑해", "예쁘다"라는 말을, 다른 한쪽에는 "짜증나", "냄새날 것 같아", "못생겼어"라는 말을 들려주며 4주간 실험을 해보았다.

좋은 말을 해준 병의 밥은 하얗고 뽀얀 곰팡이가 피며 발효가 되어 구수하고 좋은 냄새가 나는 데 비해, 나쁜 말을 한 병의 밥은 까맣게 썩어 곰팡이가 피고 악취가 났다고 한다. 같은 쌀로, 같은 날 지어 넣어둔 밥이라고 믿기 어려울 만큼 확연한 차이가 난 것이다.

또 다른 실험보고에 따르면 물의 입자나 꽃, 나무 역시 좋은 말을 들려주면 아름다운 모양의 입자가 나타나고, 나쁜 말을 들려주면 날카롭고 기괴한 입자가 발견된다고 한다.

우리가 하는 말에는 '능력'이 있다. 말씀으로 천지를 지으신 하나님께서 우리를 주님의 형상으로 지으시며 말로 다스리는 능력을 동일하게 부어주셨다. 그러나 우리의 죄로 그 능력은 변질되고 타락해버렸다.

우리는 '선한' 말을 쓰기보다는 '죄'의 도구로 사용한다. 하나님의 형상대로 지음 받은 성품이 죄로 타락해버렸기에 말을 제대로 사용할 수 없다. 미움, 질투, 비교, 상처, 분노, 교만, 비판, 위선, 자기연민 등 죄로 얼룩진 말이 넘쳐난다.

하지만 예수님의 보혈로 생명을 얻은 그리스도인은 더 이상 죄 아래 종노릇하지 않고, 주님의 마음을 닮아간다. 예수 이름의 능력으로 다시 하나님의 성품과 능력처럼 말할 수 있게 된 것이다. 이제 우리의 말을 하나님의 뜻대로 사용하도록 내어드리자. 인식하고, 믿고, 연습해보자.

이에 성경 말씀보다 더 좋은 것이 어디 있을까. 성경이야말로 하나님의 성품과 뜻이 모두 담긴 주님 그 자체 아니신가! 말씀이 곧 하나님이시며 예수님이시다. 이런 말씀을 늘 가까이하고 입술에 올린다면 우리의 말은 하나님의 뜻과 능력으로 새로워질 것이다.

말씀으로 기도하기

이는 '내 말'이 아닌 '성경 말씀'으로 기도하는 것을 말한다. 나는 매주 성경의 한두 구절을 정해서 일주일간 암송하며 기도한다. 다시 말하면, 말씀으로 기도한다는 표현이 더 맞을 것 같다.

주일에 말씀을 정하고 평일의 삶이 시작되는 월요일부터 그 구절을 하루에 일곱 번씩 읽는다. 반복해서 여러 번 읽으며 자연스레 암송한다. 이사야 53장, 우리의 죄를 담당하실 예수님에 대한 예언의 말씀을 암송할 때였다.

그는 실로 우리의 질고를 지고 우리의 슬픔을 당하였거늘 우리는 생각하기를 그는 징벌을 받아 하나님께 맞으며 고난을 당한다 하였노라 그가 찔림은 우리의 허물 때문이요 그가 상함은 우리의 죄악 때문이라 그가 징계를 받으므로 우리는 평화를 누리고 그가 채찍에 맞으므로 우리는 나음을 받았도다 사 53:4,5

며칠째 반복해서 읽었기에 자연스레 외워진 말씀을 또다시 읽고 또 읽었다(이것이 곧 기도다). 세 번쯤 반복했을 때, 갑자기 마음속으로부터 울음이 왈칵 올라왔다. 네 번째 소리 내어 말할 때부터는 눈물이 똑똑 떨어지기 시작했고, 일곱 번째는

흐느끼며 말씀을 암송하게 되었다.

말씀으로 기도하면 이런 경험을 종종 한다. 내가 연기를 전공하고 음악 활동도 했기에 감수성이 풍부해서 그런 것이 아니냐고 물어보는 사람도 있다. 물론 그것을 배제할 수는 없지만 과거에 눈물 흘리는 연기를 하려고 집중할 때도 이렇게 빠른 시간에 진심으로 울어본 적이 없었다.

말씀을 소리 내어 말할 때, 그것도 암송해서 마음속에 새겨넣듯 말할 때 내 영혼에 말씀이 불현듯 빛처럼 비취는 것을 느꼈다. 눈으로 읽고 머릿속으로 이해할 때와 차원이 달랐다. 사실 이미 잘 알고 있는 말씀이고 익숙한 말씀이기에 그리 감동할 부분이 없다고 생각했다.

뜨거운 예배 자리에 있는 것도 아니고, 찬양으로 마음이 달궈진 상태도 아니었다. 집에서 혼자 말씀을 소리 내어 몇 번 읽은 것뿐인데 몇 분 만에 내 영혼이 주님을 바라보게 되었다. 그야말로 말씀이 '살아서' 내 마음을 두드리는 느낌이었다.

내 말로 기도를 시작하면 하나님과 소통하는 소위 '임재'를 느끼는 기도로 들어가기까지 어느 정도 시간이 걸린다. '예열 시간'이 얼마간 필요하다. 육적인 생각들의 잔재 때문에 하나님께로 시선을 옮기고, 내 영혼이 주님께 집중하기까지 시간이 걸린다.

그런 씨름을 하다가 결국 겉으로만 기도하는 '속 빈 강정'

같은 기도로 끝날 때면 속이 상한다. 하지만 말씀으로 기도하면 예열시간이 줄어들고 잡생각이 잘려나가, 속히 마음의 시선이 하나님께로 옮겨간다.

내게는 '말씀 암송'에 대한 편견이 있었다. 암송은 어릴 때 참가하는 말씀 암송대회나 교회 특별 프로그램에서 하는 것으로만 여겼다. 또 신앙이 아주 깊은 사람만 할 수 있는 것이라고 생각했다.

'암기를 잘하는 사람이 할 수 있는 거지, 암기라는 말만 들어도 머리가 지끈거리고 스트레스가 올라오는 사람은 절대 할 수 없어.'

솔직히 귀찮고 따분한 일이라고 생각했다. 이 책을 읽는 독자 중에도 갑자기 언급된 '암송'이란 말에 얼굴을 찌푸리는 이가 있을 것이다.

그럼 암송이라는 말 대신, 앞서 표현했던 것처럼 '여러 번 반복해서 말씀 읽기'라고 하자. 기도 시간에 성경 구절을 여러 번 반복해서 읽으며 그 자체로 기도하는 것이다. 결코 어렵지 않다. 오히려 내 말을 늘어놓는 것보다 훨씬 더 효과적이고 능력 있는 기도가 될 수 있다.

내가 양육하던 한 셀원은 온 가족이 불신자였다. 그 자매만이 유일한 크리스천이었다. 그러다 보니 가족 구원을 위한 기도를 많이 했는데, 오히려 그로 인해 실족하고 넘어질 때가 많았다. 가족들이 기독교를 비판하거나 교회 다니는 자신을 질타하는 모습에서 도무지 소망이 보이질 않았다. 그러니 기도의 자리에서 가족 구원을 위해 기도하면 믿음이 생기지도 않고, 시험에 빠졌다.

하루는 자매가 모임에서 눈물을 흘리며 어려움을 토로했다. 마음이 아팠다. 주님께서 그녀를 고난에서 속히 건져주시길 바라는 마음이 들었다. 그때 한 말씀이 생각났다.

주 예수를 믿으라 그리하면 너와 네 집이 구원을 받으리라 행 16:31

기도가 안 되고 소망의 불씨가 꺼지려 할 때, 이 말씀을 반복 선포하며 기도해보라고 권했다. 이것은 주님의 약속이다. 하나님의 말씀은 권위가 있다. 자신의 마음을 쥐어짜내는 것이 아니다.

그날 우리는 함께 이 말씀을 선포하며 기도했다. 자매의 얼굴이 한결 밝아지고 가벼워졌다. 그 후 자매는 기도 시간에 이 말씀을 반복적으로 선포하며 기도했더니 이전보다 믿음이 생겨나는 것을 느꼈다고 했다. 말씀은 자신의 의견이 아니라 권위 있는 하나님의 언약이기에 의심 대신 믿음이 자란다.

나도 말씀으로 기도함으로 은혜를 누린 적이 셀 수 없이 많다. 7년 넘게 매주 한두 구절씩 암송해오니 기도의 습관이 되었다. 수시로 말씀기도를 통해 주님의 음성을 들으며 맡겨주신 양들을 섬길 때 말씀으로 그들을 세울 수 있었다.

사실 일주일에 한두 구절을 여러 번 읽는 것(암송)은 전혀 어렵지 않다. 하루에도 여러 번 무심코 들여다보는 스마트폰에서 10분만 눈을 떼어도 충분히 할 수 있다. 암송에 대한 편견을 버리고, 귀찮은 마음을 뒤로하고, 소리 내어 말씀으로 기도해보자.

상황 따라 말씀으로 기도해보기

삶의 크고 작은 염려가 올라올 때마다 자주 입술로 읊조리며 기도하는 성경 말씀이 있다.

• 염려가 밀려올 때

아무것도 염려하지 말고 다만 모든 일에 기도와 간구로, 너희 구할 것을 감사함으로 하나님께 아뢰라 그리하면 모든 지각에 뛰어난 하나님의 평강이 그리스도 예수 안에서 너희 마음과 생각을 지키시리라 빌 4:6,7

염려가 올라올 때마다 이 말씀을 반복적으로 소리 내어 말한다. '하나님, 염려가 있어요. 걱정이 많아요. 마음이 힘들어요'라고 말하는 것보다 염려와 걱정 속에서 금세 빠져나오는 것을 수도 없이 경험했다.

물론 앞서 '솔직함으로 드리는 기도'에서 말한 것처럼 주님 앞에 솔직하게 심정을 토로하며 기도해야 할 때도 있다. 그렇지만 염려와 걱정의 소용돌이에 붙잡혀 불평만 늘어놓고, 불신의 바다에서 허우적댈 때는 말씀기도가 특효약이다.

빌립보서 4장 말씀은 기도해도 시원하지 않고 머릿속에 걱정만 잔뜩 늘어날 경우, 내게 제대로 먹히는 특효약이다. 이 말씀으로 기도하면 문제 속에 파묻힌 내 마음의 시선이 주님께 옮겨지고, 믿음이 자라나며, 기도의 하늘문이 활짝 열린다. 말씀에는 능력이 있다.

● 재정으로 근심할 때

공중의 새를 보라 심지도 않고 거두지도 않고 창고에 모아들이지도 아니하되 너희 하늘 아버지께서 기르시나니 너희는 이것들보다 귀하지 아니하냐 너희 중에 누가 염려함으로 그 키를 한 자라도 더할 수 있겠느냐… 그러므로 염려하여 이르기를 무엇을 먹을까 무엇을 마실까 무엇을 입을까 하지 말라 마 6:26,27,31

재정 걱정이 올라올 때 자주 기도하는 구절이다. 현대를 살아가면서 가장 자주 떠오르는 고민이 '재정'에 관한 것일 때가 많다. 재정의 염려에 붙잡히면 오늘뿐 아니라 다음 달, 한 해, 몇 년 후, 심지어 노후 걱정까지도 한 보따리로 몰려와 숨이 턱턱 막힐 때가 있다.

하지만 주님은 분명히 말씀하셨다. 무엇을 먹을까, 마실까, 입을까 염려치 말라고. 만물을 다스리시는 하나님께서 공중의 새뿐 아니라 분명 우리도 먹이고 입히신다고. 주님은 최소한의 필요를 공급하실 뿐더러 재물 얻을 능과 지혜를 주신다. 그러나 세상 기준을 끌어와 돈 걱정을 하기 시작하면 끝이 없다. 만족 없이 언제나 부족하게 느낄 뿐이다.

나는 재정의 필요를 하나님께 아뢰기도 하지만, 불평과 두려움에 사로잡힐까 봐 이내 말씀으로 기도하며 하나님을 붙든다. 물론 잘 되지 않아 넘어지며 씨름한 적도 많다. 하지만 다시 말씀을 붙들고 일어날 때 염려에서 자유로워지며 공급자이신 하나님께 믿음을 둘 수 있었다.

이 구절은 유명한 말씀이다. 많은 크리스천이 알고 있는 말씀일 것이다. 그러나 머릿속으로 아는 것과 실제로 믿는 것은 다른 문제다. 그래서 나는 성경 구절을 소리 내서 말하며 기도할 것을 권한다.

말씀을 눈으로 읽고 그저 머릿속으로만 알고 있는 것과 실제로 소리 내서 기도하는 것은 큰 차이가 있다. 마치 사자를 그림으로만 공부한 사람과 실제로 만난 사람의 차이처럼 말이다. 게다가 말씀을 암송해서 여러 번 되뇔 때, 그 말씀이 더 깊게 새겨지고 풀어지는 것을 경험한다.

소리 내어 암송하며 기도할 때, 그 소리가 곧 하나님의 음성으로 들려와 강력한 위로와 힘을 얻는다. 마음속에 말씀이 믿음으로 자라나는 것을 느낄 수 있다.

- 피곤하며 지칠 때

오직 여호와를 앙망하는 자는 새 힘을 얻으리니 독수리가 날개 치며 올라감 같을 것이요 달음박질하여도 곤비하지 아니하겠고 걸어가도 피곤하지 아니하리로다 사 40:31

피곤해서 짜증이 올라오려 할 때 이 말씀을 소리 내어 기도한다. 그러면 이내 피로가 떠나가고 독수리와 같은 힘이 부어지는 것을 경험한다. 말씀이 지쳤던 나를 일으켜 세운다.

말씀처럼 여호와를 앙망하고자 주님께로 시선을 향하게 되고, 내 힘이시며 위로자이시며 공급자이신 주님을 의지하게 된다. 그러면 나를 짓누르던 어려움이 떠나가고 주님으로부터 새 힘이 부어진다.

힘이요 반석이신 주님의 생명이 나를 다시 살리며, 내 소망을 어디에 두었는지 돌아보게 된다. 지친 일상에 꽂힌 시선을 다시 주님께 옮기며, 소망이 있어야 할 자리를 깨닫는다.

쉽게 피곤하고 짜증이 올라오는가? 당신의 시선과 소망이 어디를 향하고 있는지 점검하자. 그리고 여호와를 앙망하는 자로 다시 돌이키자.

• 사람에게 위축되었을 때

내가 하나님을 의지하였은즉 두려워하지 아니하리니 사람이 내게 어찌하리이까 시 56:11

자꾸 사람의 눈치가 보이고 두려워질 때가 있다. 하나님께서 나를 이끌어 가시는 것이 아니라 사람에게 휘둘린다면 내 삶의 주인 자리가 바뀌어서 그렇다. 다시 자리를 바로잡아야 한다.

사람은 내가 사랑하고 섬겨야 할 대상이지, 두려움의 대상이 아니다. 그에게 내 생명과 공급이 달려있지 않다. 오직 우리의 삶은 주님께 달려있다. 주님만이 우리의 주인이시다.

사람으로 인해 두렵고 위축되고 눌려있다면 이 말씀을 소리내어 기도해보자. 어느새 시선이 주님께로 향하고, 평안과 담대함이 부어질 것이다.

● 과거에 매일 때

> 그런즉 누구든지 그리스도 안에 있으면 새로운 피조물이라 이전
> 것은 지나갔으니 보라 새것이 되었도다 고후 5:17

과거의 기억이나 상처에 매이려고 할 때면, 이 말씀을 붙잡고 기도한다. 반복적으로 소리 내어 기도할 때 매였던 것에서 자유로워진다. 사단과 내 안의 연약한 자아는 자꾸 과거를 돌아보게 만든다. 과거의 상처나 슬픔, 분노에 사로잡혀 현재의 삶마저 병들게 만든다. 이것은 어리석은 일이다. 결코 하나님께서 기뻐하시는 뜻이 아니다.

우리는 예수님의 보혈로 새사람이 되었다. 그 보혈의 능력으로 점점 하나님의 형상을 따라, 맏형인 예수님을 닮아갈 것이다. 그것을 이미 이루시고 약속하신 하나님의 말씀을 붙들자. 입술로 소리 내어 선포하자. 하나님의 말씀은 참으로 능력이 있다. 그분의 '말씀'을 '말'로써 선포할 때, 글자에 불과하던 것이 삶에 생명이 되어 살아날 것이다.

● 자아와 씨름할 때

내가 그리스도와 함께 십자가에 못 박혔나니 그런즉 이제는 내가
사는 것이 아니요 오직 내 안에 그리스도께서 사시는 것이라 이제
내가 육체 가운데 사는 것은 나를 사랑하사 나를 위하여 자기 자
신을 버리신 하나님의 아들을 믿는 믿음 안에서 사는 것이라

갈 2:20

너무도 유명한 바울의 고백이다. 나는 자아가 주장하려 할
때, 욕심이 차오를 때 이 말씀을 선포하며 기도한다. 내 귀에
들려주고, 내 영혼에게 말해준다. 나는 그리스도와 함께 십자
가에 못 박혔고 더 이상 나를 위해 살지 않는다고 마귀에게도
선포한다.

나는 생명 주신 예수님을 믿는 믿음 안에서 살고 있다고,
내 삶의 주인은 오직 예수님이라고 선포한다. 이렇게 의지를
드려 여러 번 반복하여 외치다 보면 정신이 번쩍 든다. 선포하
는 말씀 앞에 자아가 힘을 잃는다. 회개의 눈물이 흐르고, 다
시금 삶의 방향을 잡게 된다. 말씀의 힘은 진정 놀랍다.

말씀의 힘

혼자 골방에서 기도해보려고 한창 씨름할 때였다. 기도하는데 마음속에 환상이 하나 떠올랐다. 예수님이 방문을 열고 기도하는 내게 다가오셔서 커다랗고 빛나는 황금 열쇠를 안겨주셨다. 순간 말씀이 번뜩 떠올랐다.

> 내가 천국 열쇠를 네게 주리니 네가 땅에서 무엇이든지 매면 하늘에서도 매일 것이요 네가 땅에서 무엇이든지 풀면 하늘에서도 풀리리라 하시고 마 16:19

나는 이 말씀을 붙잡고 기도했다. 알고 있는 말씀이었지만 마음속에 떠오른 환상과 함께 이 말씀은 내게 '진짜'가 되었다. 소리 내어 몇 번이고 말씀을 되뇌자 굳게 믿어졌다. 그러니 기도하는 것이 힘들지 않고 신이 났다.

그 전에는 내가 억지로 수레를 끌고 가는 기분이었다면, 이제는 바퀴 달린 수레 위에 올라타 쌩하니 달려가는 듯했다. 내가 '하는' 기도가 아닌 '되어지는' 기도로 변화된 것이다. 그리고 '기도'를 통해 하나님께서 매고 푸는 능력을 베푸신다는 놀라운 비밀을 깨달으니 기도가 더욱 간절해졌다.

마스터키를 주셨는데 어찌 그것을 사용하지 않고 묻어두고

만 있겠는가. 하나님의 말씀은 참으로 살아있어 우리의 마음을 변화시키고 주님의 뜻을 깨닫게 한다.

하나님의 말씀은 살아있고 활력이 있어 좌우에 날선 어떤 검보다도 예리하여 혼과 영과 및 관절과 골수를 찔러 쪼개기까지 하며 또 마음의 생각과 뜻을 판단하나니 히 4:12

나는 월요일마다 초등교사들과 기도모임을 한다. 내가 섬기는 교회는 청년들이 많은데 '다음세대'를 세우는 것이 우리의 부르심이라고 믿는다. 내가 20대 초반에 교회에 처음 왔을 때는 대부분 대학생으로 구성된 작은 개척교회였다. 점차 교회가 성장하면서 새로운 곳을 찾아야 하는 때가 왔다.

담임목사님은 하나님께서 교회에 '다음세대'를 맡기셨음을 확신하며, 상징적으로 다음세대를 기르는 미래의 교사들이 다니는 교대 근처로 이사 갈 것을 인도 받으셨다. 그렇게 교대 근처로 이사 와서 수년간 교사를 위해 기도했다.

우리는 7년 가까이 매주 월요일마다 현직 교사들과 함께 교사로서의 사명, 이 나라의 교육, 이 땅의 많은 교사들, 그리고 다음세대를 위해 기도하고 있다.

교사들이 기도하며 교육현장에서 하나님의 지혜와 사랑을 녹여내는 간증은 정말 은혜롭다. 혹여 당장 눈에 보이는 큰 열매가 없다 해도 기도하며 교사의 자리에 서려고 고군분투하는 모습이 무척 대견하고 감사할 때가 많다.

하루는 기도모임 전에 담소를 나누는데, 누군가 학교에서 좀 힘든 일이 있었던 모양이다. 교사들끼리 모인 자리이다 보니 자연스레 공감대가 형성되어 너도나도 얘기를 하다가 결국 불평을 늘어놓는 자리가 되었다.

기도 인도를 해야 하는 나는 마음이 불편했다. 기도 전에 잔소리를 늘어놓는 것이 좋지 않을 것 같았고, 그렇다고 그냥 넘어가기엔 마음에 걸렸다. 기도모임의 시작을 '말씀기도'로 하는데 마침 그날 준비한 말씀이 이 말씀이었다.

> 너는 그리스도 예수의 좋은 병사로 나와 함께 고난을 받으라 병사로 복무하는 자는 자기 생활에 얽매이는 자가 하나도 없나니 이는 병사로 모집한 자를 기쁘게 하려 함이라 딤후 2:3,4

각자 15분간 이 말씀을 반복적으로 읊조리며 기도하는 시간을 가졌다. 그리고 한 명씩 돌아가며 말씀을 암송해서 선포하고, 받은 은혜를 이어서 기도했다. 그러자 내가 굳이 말하지 않아도 모두 말씀을 통해 주님 앞에 겸허해졌다.

불평한 것을 회개하고 기꺼이 고난을 받겠다고 고백했으며, 하나님을 기쁘시게 해드리는 좋은 병사가 되겠다고 다짐도 했다. 말씀이 우리의 마음을 감찰하고 찔러 쪼개며, 하나님을 바라보게 하는 강력한 생명인 것을 다시 한번 절감했다.

성령의 검, 하나님의 말씀

원수가 공격하는 화살을 한 방에 날려버릴 수 있는 것도 바로 '말씀'이다. 바울은 에베소서에서 마귀의 간계를 능히 대적하기 위해 '하나님의 전신갑주'를 입으라고 강권한다. 그런데 전신갑주의 비유 중에 '말씀'만이 유일한 공격무기이다.

그러므로 하나님의 전신갑주를 취하라 이는 악한 날에 너희가 능히 대적하고 모든 일을 행한 후에 서기 위함이라 그런즉 서서 진리로 너희 허리띠를 띠고 의의 호심경을 붙이고 평안의 복음이 준비한 것으로 신을 신고 모든 것 위에 믿음의 방패를 가지고 이로써 능히 악한 자의 모든 불화살을 소멸하고 구원의 투구와 성령의 검 곧 하나님의 말씀을 가지라 엡 6:13-17

진리의 허리띠, 의의 호심경, 복음의 신발, 믿음의 방패, 구원의 투구는 전부 지키고 보호하는 방어 도구다. 하지만 '성령의 검 곧 하나님의 말씀'은 유일한 공격 도구다. 악한 자의 불화살을 쳐서 날려버릴 강력한 무기가 바로 말씀의 검이다.

　사단은 우리가 말씀의 검을 사용하길 원치 않는다. 그래서 말씀을 읽지 못하게 스마트폰과 TV로 유혹하며, 생각으로만 읽도록 입술로 선포하는 것은 '귀차니즘'으로 대체할 것이다. 그 유혹에 당하고만 있을 수 없다. 이제 원수의 불화살을 소멸할 강력한 도구, 말씀의 검을 들어 사용하자.

6's Practice

- 이번 주에 읽을 말씀 정하기
- 하루에 1장이라도 꼭 성경 읽기
- 말씀을 반복적으로 소리 내어 기도하기

ex. 이번 주에는 '야고보서'를 읽기로 정했다면 하루에 1장씩 소리 내어 읽으라. 특별히 마음에 와닿는 구절은 열 번씩 소리 내어 읽으며 암송기도를 해보자.

월 : 내 형제들아 너희가 여러 가지 시험을 당하거든 온전히 기쁘게 여기라 이는 너희 믿음의 시련이 인내를 만들어내는 줄 너희가 앎이라(약 1:2,3).

적용 | 여러 번 반복해서 읽으며 암송기도를 하니 크고 작은 일들을 만나며 불평했던 것이 회개가 되었다. 주님께서 기뻐하라고 하신다. 주님 때문에 난 기뻐할 수 있는 사람이다. 믿음의 사람. 인내의 사람이 되자.

화 : 영혼 없는 몸이 죽은 것같이 행함이 없는 믿음은 죽은 것이니라(약 2:26).

적용 | 주님을 믿는다고 하면서 얼마나 행함이 있었는지 돌아보게 된다. 특히 오늘 읽은 2장 말씀에서 '이웃에 대하여 차별대우하지 말라'고 하신다. 난 내가 좋아하는 사람만 섬기려고 했던 것 같다. 편견을 버리고, 주님께서 말씀하시는 영혼을 향해 실제로 섬기자.

수 : 혀는 곧 불이요 불의의 세계라 혀는 우리 지체 중에서 온 몸을 더럽히고 삶의 수레바퀴를 불사르나니 그 사르는 것이 지옥 불에서 나느니라(약 3:6).

적용 | 말씀으로 암송기도하며 내가 말하는 것을 돌아보게 된다. 얼마나 쉽게, 생각 없이 말들을 뱉었는지…. 과연 내 혀로 사람들에게 그리스도인으로서의 향기를 날렸는지 부끄럽다. 악취를 풍기지 않았는지 반성이 된다. 수시로 말씀을 되뇌며 주님의 자녀다운 말을 해야겠다.

목 : _____

_____

금 : _____

_____

토 : _____

_____

주일 : _____

_____

chapter **7**

상한 심령으로

회개기도

PRAYER

START

LESSONS

죄로 막힌 담 헐기

예수께서 큰 소리를 지르시고 숨지시니라 이에 성소 휘장이 위로부터 아래까지 찢어져 둘이 되니라 막 15:37,38

예수님은 죄로 인해 막혔던 하나님과 우리 사이의 담을 허무셨다. 십자가에서 우리는 상상조차 할 수도 없는 엄청난 죄의 값을 치르시고 다 이루셨다. 그리고 그분이 숨을 거두시는 순간, 지성소의 휘장이 찢어지는 사건이 일어났다.

나는 이 말씀에서 우리를 향한 하나님의 처절한 사랑을 느꼈다.

'죄로 막힌 담을 얼마나 허물고 싶으셨으면 바로 그 순간 휘장을 찢어 걷으셨을까? 도대체 죄인 된 우리가 뭐라고 독생자 예수님에게 우리의 죄를 담당시키면서까지 그것을 허무셨을까?'

부모가 자식을 향해 베푸는 사랑으로 조금이나마 이해해 보려 해도 하나님의 그 사랑을 도저히 설명할 수가 없다. 이 놀라운 사랑 앞에 그저 송구스럽고, 고개가 숙여질 뿐이다.

그 사랑을 우리가 진정 깨달으면 당연히 '죄'가 미워진다.

죄가 원수 되고, 내 삶에서 반드시 쫓아내야 할 대상이 된다. 하나님이 주신 '분노'라는 감정을 세상과 사람에게 쏟을 것이 아니라, 바로 이 죄에 대하여 쏟아야 한다.

물론 우리는 예수님의 보혈로 완전해졌다. 태어나서 죽을 때까지 짓는 모든 죄는 예수의 보혈로 다 씻겼다. 그럼 천국행 티켓을 얻었으니 된 것인가? 마치 면죄부를 산 것처럼 죄를 지어도 '예수 보혈이 있으니 괜찮아'라고 안심하며, 주일예배 시간에 눈물 흘리며 '잘못했습니다. 용서해주세요'라고 기도하면 끝나는가?

나도 과거에 그렇게 살았다. 예수님이 날 대신해서 죽은 것에 감사했고, 그 능력의 이름으로 지옥에서 건져주신 것을 믿었고, 잘못하면 주일예배 때 마음에 찔려 눈물 흘리며 기도하기도 했다.

하지만 정작 내 삶에서 그 죄를 인식하고 미워하고 싸우지는 않았다. 주님과 일상의 교제가 거의 없었기에 죄에 대한 '인식'부터가 되지 않아서 당연히 싸울 수도 없었다. 그저 세상 사람들과 똑같이 '어떻게 하면 내 꿈을 이룰 수 있을까, 더 행복해지려면 무엇을 해야 할까' 하는 욕망에 끌려 살았다.

하지만 내 삶에 주님이 들어오시고 내 일상을 하나님께 조금씩 내어드리기 시작하면서 비로소 죄에 대한 인식이 생겨났다. 예전에는 아무 생각 없이 하던 삶의 작은 습관들 속에서도 하나님이 의식되었다.

'하나님이 싫어하실 수도 있겠다', '아, 이건 하나님이 좋아하실 거야'라는 새로운 삶의 기준이 세워졌다. 내가 주인이 아니라 하나님이 내 인생의 주인으로 바뀌었다.

부모는 자녀 때문에 속이 상하고 무너져도 그를 버릴 수 없다. 그런 부모의 마음을 아는 자녀라면 부모가 속상해할 일은 하지 않으려 노력할 것이다. 아니, 그런 일이 자연스레 싫어진다.

남편이 부인 몰래 마음에 담아둔 다른 여인이 있다면 그 아내와 사이가 원만할까. 들키지 않았다 해도 부인 앞에서 떳떳할 수 없다. 눈에 보이지 않는 거리감이 생길 것이다.

예수님이 내 모든 죄를 씻으셨기에 지옥에 떨어지지 않는다 해도, 이 세상을 사는 동안 죄에 대해 인식하지 못하고, 죄를 허용하고 즐기며 산다면 하나님과의 관계에 담이 생겨버린다. 그렇기에 '회개기도'는 예수님을 믿을 때 한 번 하는 기도가 아니다.

또한 도덕적인 수준에서 누가 봐도 잘못인 큰 죄를 지었을 때만 아니라, 주님이 기뻐하지 않고 근심하실 일이라면 회개해야 한다. 천국과 지옥의 문제가 아니다. 하나님의 자녀가 되었기에 자녀답게 살기 위해 돌이키는 것이다.

주님 앞에 가는 그날까지 자녀의 삶으로서 합당치 않은 죄에 대하여 싸워야 한다. 회개하고 돌이킬 때 하나님의 형상을 회복하며, 주님과 원만하고 친밀한 관계를 누릴 수 있다.

그러므로 예물을 제단에 드리려다가 거기서 네 형제에게 원망 들을 만한 일이 있는 것이 생각나거든 예물을 제단 앞에 두고 먼저 가서 형제와 화목하고 그 후에 와서 예물을 드리라 마 5:23,24

하나님 앞에 나아가기 전에, 형제와의 관계에서 생겨난 죄의 문제를 먼저 해결하라고 말씀하신다. 그 죄가 하나님과의 관계에 담을 만들기 때문이다. 그분이 기뻐 받으시는 예배가 될 수 없다. '죄'의 속성이 그렇다.

죄는 하나님 앞에 저주의 대상이다. 그분 앞에 합당치 아니하고 심판의 대상이기에 우리 마음에 미움, 다툼, 원망 등의 죄가 있으면 충만한 임재를 경험할 수 없다.

교회 가는 날 아침에 부부싸움이 일어나는 경우가 제법 많다고 한다. 또는 예배 끝나고 돌아가는 길에 싸움이나 교통사고가 일어나는 경우도 있다. 원수가 우리의 연약함과 상황을 이용해 원만한 예배를 드릴 수 없도록, 또는 받은 은혜를 빼앗기 위해서 유혹하고 공격한다.

나도 예배 전에 남편과 사소한 일로 다툰 적이 있었다. 그렇게 예배에 오면 마음이 무겁고, 찬양하는 내 모습이 위선적으로 느껴졌다. 그럴 때마다 얼마나 심령이 가난해지던지 눈물을 흘리며 회개했다.

그러다 보면 사소한 일로 바가지를 긁은 것 같아서 미안해진다. 이내 마음에서 남편을 용서하고 또 내 잘못을 하나님 앞에 아뢴다. 그리고 속히 관계를 회복하고자 노력한다. 남편도 예배를 통해 동일한 마음을 받는다.

이제는 어느 정도 훈련이 되어 거의 다투는 일이 없다. 혹여 그런 일이 있어도 얼른 회개기도를 하고 돌이켜 화해한다. 그것이 곧 하나님과의 관계를 막힘없이 유지하는 비결임을 알기 때문이다.

죄, 원수가 비방할 거리

다윗이 나단에게 이르되 내가 여호와께 죄를 범하였노라 하매 나단이 다윗에게 말하되 여호와께서도 당신의 죄를 사하셨나니 당신이 죽지 아니하려니와 이 일로 말미암아 여호와의 원수가 크게 비방할 거리를 얻게 하였으니 당신이 낳은 아이가 반드시 죽으리이다 하고 삼하 12:13,14

죄는 우리로 하여금 쓴 열매를 먹게 한다. 그래서 하나님께서는 사랑하는 자녀에게 죄짓지 말라고 하신다. 다윗은 밧세바를 취하고 그녀의 남편 우리아를 죽음으로 몰아넣는 죄를 범했다. 평생 하나님 마음에 합하였던 그이지만 죄의 유혹에 넘어지고 만 안타까운 장면이다.

그는 돌이켜 회개하고 하나님 앞에 엎드렸다. 역시나 주님은 그를 용서하셨다. 하지만 나단 선지자를 통해 말씀하셨다. 하나님께서 그의 죄를 사하셨지만, 원수에게 비방할 거리를 얻게 하였다고.

그렇다면 사단은 하나님과 경쟁 관계인가? 그렇지 않다. 하나님의 질서 아래 다스림을 받는 존재일 뿐이다. 이미 예수님 발아래 굴복당한 존재이다. 다만 사단은 죄가 있는 곳에서 합법적으로 활동할 수 있다(물론 이것도 잠시다. 예수님이 다시 오시는 날에 무저갱으로 들어갈 것이다).

사단은 죄가 없는 곳에서는 마음대로 힘을 쓸 수가 없다. 욥기를 보면 하나님 앞에 허물이 없던 욥을 공격하는 것은 불법이기에, 사단이 하나님 앞에 와서 그를 치는 것에 대해 허락받는 장면이 나온다.

그래서 사단은 예수님의 보혈로 하나님의 자녀가 된 우리에게도 끊임없이 죄를 짓도록 유혹한다. 그래야 우리가 주님의 자녀임에도 불구하고 이 땅에서 주님의 뜻대로 사는 것이 아니라 원수의 뜻대로 끌려가기 때문이다.

우리를 죽은 후에 지옥에 끌고 갈 수는 없어도 살아있는 동안이라도 하나님의 뜻이 아닌 사단이 원하는 대로, 세상 사람들과 별다를 바 없는 존재로 살게 하려는 것이다. 정말 끔찍한 일이다. 또한 하나님께서 너무도 가슴 아파하실 일이다.

내가 죄를 한 번 지을 때마다 원수에게 나를 합법적으로 유혹할 수 있는 1회 허용권을 내어준다고 생각해보라. 얼마나 끔찍한 일인가!

물론 하나님께서는 진노 중에도 우리를 보호하시고, 징벌을 감해주시며 자비를 베푸신다. 부모가 자녀를 훈육하듯 우리를 때려서라도 정신이 들게 하신다. 감사한 일이다. 하지만 죄를 짓는 것은 원수에게 빌미를 제공하고 하나님과의 관계에 문제를 초래하는 일임을 꼭 기억하자.

죄, 세상 도덕이 아닌 하나님이 기준

죄에 대한 당신의 인식은 어떠한가. 아무에게도 들키지 않고, 세상의 도덕적 기준에 걸림이 없어도 하나님께서 싫어하시는 것은 죄일까, 아닐까?

물론 하나님께서는 다양한 취향을 존중하신다. 우리 모두를 다양하게 지으신 분이지 않은가. 하지만 하나님께서 싫어 하시는 것은 취향의 문제가 아닌, 죄이다. 우리 안에 살고 계신 성령께서 불편한 마음을 주신다면 거기서 돌이켜 기도의 자리에 나아가 회개기도를 해야 한다.

기도시작반에서 회개기도를 통해 주님과의 관계를 깨달은 한 지체의 경험을 소개하겠다. 그가 작성한 기도일기이다.

예배당에서 정시기도를 했다. 그런데 기도가 잘 되지 않았다. 주님의 이름을 불렀다가, 말씀을 선포했다가, 찬양도 불러보고, 기도를 방해하는 악한 영을 예수의 이름으로 대적하기도 했다. 그래도 여전히 주님과의 소통이 열리는 것 같지 않고, 도무지 기도에 불이 붙지 않았다. 그러다 하나님께 기도가 잘 안 된다고 말씀드렸다.

    나 : 주님, 기도가 잘 되지 않아요. 왜 그럴까요? 답답해요.
    주님 : 회개할 것이 있지 않니?
    나 : 회개요?
    주님 : 어제 네가 '음란'에 문을 열어주었잖니.

문득 어제 본 웹툰이 생각났다. 야한 장면들이 조금 있었다. 그 장면을 보면서 음란한 상상이 머릿속에 펼쳐졌고, 은근히 그 기분을 즐겼다. 하지만 내 기준에서 그것이 '죄'라는 생각은 미처 못했는데, 주님의 생각과 기준은 달랐다.

> 나 : 주님, 제 기준과 생각에서 그 정도는 죄가 아니라고 여
> 겼어요. 하지만 주님께서 그것을 기뻐하지 않으신다는
> 것을 이제 알았어요.
>
> 주님 : 네 기준과 생각을 내려놓으렴. 내 기준과 생각은 세상
> 이 주는 것과 같지 않단다. 나는 죄와 함께할 수 없다.
> 내가 죄를 미워하는 것처럼 너도 죄를 미워하고 죄에
> 문을 열어주지 않으면 좋겠구나.
>
> 나 : 주님, 제가 제 기준과 생각으로 죄를 판단한 것을 회개
> 합니다. 음란한 미디어에 문을 열어주었던 것을 회개합
> 니다. 용서해주세요. 주님 말씀처럼 죄를 미워하고, 제
> 기준으로 죄를 바라보고 허용하지 않기를 원합니다.

주님께서 깨닫게 해주신 죄를 회개하는 순간, 놀랍게도 기도의 문
이 열리는 것을 느낄 수 있었다. 내 기준으로 죄의 문제를 바라봤
던 잘못된 모습을 깨닫게 하시고, 하나님의 기준을 세우게 해주셔
서 참 감사했다. 감사합니다, 주님!

그 지체는 나날이 얼굴이 밝아지며 빛났다. 하나님과의 기
도 시간도 더 뜨거워지는 것이 느껴졌다. 그 시간을 통해 죄의

기준을 자신의 생각이 아닌 하나님의 기준으로 새롭게 세워갔다. 우리의 기준은 세상과 다르다. 하나님의 자녀라면 하나님의 기준이 곧 우리의 기준이 되어야 한다.

> 그때에는 이스라엘에 왕이 없었으므로 사람마다 자기 소견에 옳은 대로 행하였더라 삿 17:6

"자기 소견에 옳은 대로", 사사기 시대를 한 마디로 이렇게 표현할 수 있다. 사사기 말씀을 읽어보면 정말이지 괴상한 모습이 많이 보인다. 하나님을 섬긴다고 하면서도, 심지어 하나님이 세우신 사사들조차도 온전히 하나님의 뜻이 아닌 자기 소견에 옳은 대로 행하여 기괴한 일들을 일으킨다.

사사 중 한 명인 입다가 이방 민족의 제사 풍습인, 사람을 산 채로 불살라 바치는 인신 제사에 물든 것을 볼 수 있다. 하나님께서 그와 함께하시어 이스라엘을 위협하는 암몬 자손을 크게 쳐서 이겼으나, 그의 소견에 옳은 대로 맹세하였기에 자신의 딸을 번제물로 바칠 수밖에 없는 상황에 직면한다.

그러나 하나님께서는 그에게 산 사람을 번제물로 바치라고 하신 적이 없다. 그것은 그분이 몹시 저주하며 싫어하시는 이방의 제사 풍습이었다. 하지만 그는 이것과 하나님의 일을 섞어버렸다.

삼손은 하나님의 사사였으나 자기의 정욕을 제어하지 않았다. 이방 사람과 통혼하지 말라는 하나님의 법을 가볍게 여기고 이방 여인들에게 홀려 휘둘리기 일쑤였다. 결국 그는 이방 여인 들릴라에 의해 머리가 밀리고 두 눈이 뽑히는 처참한 신세가 된다. 그제서야 회개하며 자신을 조롱하기 위해 모여든 블레셋 사람들과 함께 죽겠노라 부르짖는다.

또 사사기 말미에는 어떤 레위 사람과 첩의 끔찍한 토막시체 사건까지 등장한다. 성경은 예배를 주관하는 제사장인 레위인이 얼마나 자기 소견에 옳은 대로 변질되어 있는지 고스란히 보여준다.

작은 것을 하나둘씩 세상의 기준에 내어주며 타협할 때 사사 시대에 등장하는 이 기괴한 모습이 우리의 삶에도 나타날 수 있다. 이 시대 청년들의 성(性) 기준은 하나님의 기준과는 아주 거리가 멀다. 소위 '야동'이라고 하는 음란물을 보는 것이 당연한 듯 공영방송에서도 공공연하게 언급하고, 혼전순결은 고리타분한 잔소리로 치부한다.

교회 안의 청년들마저도 세상의 영향으로 음란에 대한 기준이 많이 낮아져 있음을 본다. 위에서 예를 들었던 한 지체의 고백처럼 웹툰에 등장하는 음란한 장면을 보는 것 정도는 더 이상 죄로 여기지 않는다.

세상의 문화가 변함에 따라 하나님께서도 죄의 기준을 달리하셨을까? 물론 시대에 따라 달라진 것은 있다. 구약 시대에는 동물을 잡아 제사를 드렸으나 오늘날은 예배당에서 예배드린다. 하나님을 감히 "아버지"라 부를 수 없었던 구약 시대 사람들과 달리 신약 시대를 사는 우리는 여호와 하나님을 "아빠 아버지"라고 부른다.

세리와 창녀 같은 죄인들과 함께 식사하던 예수님은 바리새인들에게 하나님의 율법을 무너뜨린다며 비판받으셨다. 하지만 예수님은 구약 시대보다 더한 '하나님의 자녀가 지켜야 하는 거룩'에 대해 말씀하신다.

만일 네 손이 너를 범죄하게 하거든 찍어버리라 장애인으로 영생에 들어가는 것이 두 손을 가지고 지옥 곧 꺼지지 않는 불에 들어가는 것보다 나으니라 만일 네 발이 너를 범죄하게 하거든 찍어버리라 다리 저는 자로 영생에 들어가는 것이 두 발을 가지고 지옥에 던져지는 것보다 나으니라 만일 네 눈이 너를 범죄하게 하거든 빼버리라 한 눈으로 하나님의 나라에 들어가는 것이 두 눈을 가지고 지옥에 던져지는 것보다 나으니라 막 9:43-47

죄의 결과물이 나타났을 때 징계하던 과거의 법보다 더 강력하다. 마음의 동기(motivation)에서부터 '죄'에 대해 허용치 말라고 하신다. 우리는 더 이상 율법을 따라가는 존재가 아니라, 예수의 영이신 성령께서 우리 안에 사시는 하나님의 자녀로 거듭났기 때문이다.

세상이 변화되었다고 '죄'의 기준도 세상을 따라가서는 당연히 안 된다. 사사 시대 사람들처럼 하나님의 자녀와는 거리가 먼 괴상한 모습으로 변질될 것이다. 그런데 이미 이 시대에 그런 모습이 많이 보인다.

음란의 기준뿐 아니라 돈을 향한 숭배와 안락하게 살고자 하는 욕망이 많은 부분을 타협하게 만들고 세상의 법과 섞어 버렸다.

나도 사사 시대 사람들처럼 나의 소견에 옳은 대로 살던 때가 있었다. 세상의 문화를 따르고, 하나님의 기준보다 내 기준이 더 높았으며, 나를 위해 예배드리고 기도했다. 하지만 진정 예수님을 주인으로 모시면서부터 삶의 기준이 달라졌다.

세상의 기준이 아닌, 하나님의 뜻과 말씀이 기준이 되었다. 주일에 잠깐 눈물 흘리며 거짓 회개하던 모습에서, 수시로 하나님의 뜻을 살피고 실제로 '죄'와 씨름하는 삶으로 바뀌었다.

나는 어렸을 때부터 드라마와 영화를 무척 좋아했다. 학교에서 치르는 중간, 기말고사가 끝나면 비디오가게에서 영화를 서너 편씩 빌려와 종일 보는 것을 낙으로 삼았다. 그 시간이 그렇게 좋을 수가 없었다.

더구나 연기가 전공이 되고 직업이 되니 더욱 드라마와 영화를 보는 것이 아주 중요한 공부이자 삶이 되었다. 그렇게 지내온 오랜 습관 때문에 사역자의 길로 들어선 후에도 드라마를 끊는 것이 매우 힘들었다.

물론 점점 줄여서 일주일에 한 편 정도 시청했지만, 드라마가 내 영혼에 끼치는 영향력은 생각보다 컸다. 드라마 속에는 세상의 수많은 메시지와 문화가 녹아있기 때문이다(물론 선한 메시지, 나아가 하나님의 메시지를 담아서 제작하기 위해 애쓰는 미디어 매체와 귀한 일꾼들이 있다. 그런 드라마와 영화가 많이 제작되어 이 세상 가운데 주님의 편지가 되고 향기가 되길 간절히 바라며 열렬히 응원한다).

무의식중에 그것이 내게 쏟아져 들어오며 흠모하는 마음을 조금씩 만들어냈다. 심지어 멋진 남자 주인공에 대한 여자 주인공의 마음이 내게 투영되어 남자 연예인을 사모하는 마음마저 일었다. 물론 픽션이니 심각하지 않다고 생각했다.

그런데 하루는 꿈속에 내가 즐겨 보던 드라마의 남자 주인공이 나타나더니 그와 내가 스킨십을 하는 것이 아닌가. 아침에 눈을 뜨니 기분이 언짢았다. 죄를 지은 것 같아 정죄감이 올라왔다. 하지만 그저 꿈일 뿐이라고 생각하고 대수롭지 않게 넘겼다.

그러던 어느 날, 아는 언니와 교제를 나누다가 그녀의 고백을 통해 그 꿈이 내 영의 음란한 상태를 나타낸 것임을 깨달았다. 그리고 며칠 뒤에 남편과 나 사이에 낯선 남자가 누워있는 꿈을 꾸었다. 정말 섬뜩했다.

드라마를 보면서 남자 주인공에 대해 갖는 호감을 가볍게 여긴 것이 잘못이라고 주님이 알려주시는 것 같았다. 그날 나는 눈물, 콧물을 흘려가며 깊이 회개기도를 했다.

그저 드라마를 시청할 뿐이라고 생각했지만 실은 영적 간음을 저지른 것임을 깨달았다. 나도 모르게 짓고 있던 죄를 깨닫고 회개한 후 막혔던 담이 무너져 내리는 느낌을 받았다. 나는 예수님의 보배로운 피로 씻기는 기쁨을 맛보며 놀라운 은혜를 체험했다.

그날 이후 드라마를 거의 보지 않는다. 최근 몇 년간은 아예 시청하지 않고 있다. 드라마뿐 아니라 TV와 거리가 멀어졌다.

진짜 회개기도는 '돌이키는 것'이다. 웹툰을 보며 음란한 생각을 품었던 지체가 회개기도 이후 웹툰 보기를 멈추지 않았다면, 나 역시 회개기도 이후 계속 드라마를 시청했다면, 그것은 가짜 회개였을 것이다.

물론 몇 번은 넘어질 수 있다. 하지만 넘어지고 일어서기를 반복하면서 걸음마를 배우듯 결국은 그 죄에서 돌이킬 수 있을 것이다.

너희가 죄와 싸우되 아직 피 흘리기까지는 대항하지 아니하고 또 아들들에게 권하는 것같이 너희에게 권면하신 말씀도 잊었도다 일렀으되 내 아들아 주의 징계하심을 경히 여기지 말며 그에게 꾸지람을 받을 때에 낙심하지 말라 주께서 그 사랑하시는 자를 징계하시고 그가 받아들이시는 아들마다 채찍질하심이라 하였으니

히 12:4-6

당신은 의인인가, 죄인인가

자기를 의롭다고 믿고 다른 사람을 멸시하는 자들에게 이 비유로 말씀하시되… 바리새인은… 하나님이여 나는 다른 사람들 곧 토색, 불의, 간음을 하는 자들과 같지 아니하고 이 세리와도 같지 아니함을 감사하나이다 나는 이레에 두 번씩 금식하고 또 소득의 십일조를 드리나이다 하고 세리는… 하늘을 쳐다보지도 못하고 다만 가슴을 치며 이르되 하나님이여 불쌍히 여기소서 나는 죄인이로소이다 하였느니라 내가 너희에게 이르노니 이에 저 바리새인이 아

니고 이 사람이 의롭다 하심을 받고 그의 집으로 내려갔느니라 무
릇 자기를 높이는 자는 낮아지고 자기를 낮추는 자는 높아지리라
하시니라 눅 18:9-14

한 바리새인이 예수께 자기와 함께 잡수시기를 청하니… 죄를 지은
한 여자가 있어… 예수의 뒤로 그 발 곁에 서서 울며 눈물로 그 발
을 적시고 자기 머리털로 닦고 그 발에 입 맞추고 향유를 부으니…
이 여자를 보느냐 내가 네 집에 들어올 때 너는 내게 발 씻을 물도
주지 아니하였으되 이 여자는 눈물로 내 발을 적시고 그 머리털로
닦았으며 너는 내게 입 맞추지 아니하였으되 그는 내가 들어올 때
로부터 내 발에 입 맞추기를 그치지 아니하였으며… 이러므로 내
가 네게 말하노니 그의 많은 죄가 사하여졌도다 이는 그의 사랑함
이 많음이라 사함을 받은 일이 적은 자는 적게 사랑하느니라…
눅 7:36-50

바리새인 vs 세리, 바리새인 vs 죄 지은 여인. 당신은 이들의
대조적인 모습에서 무엇을 느끼는가? 과연 의인은 누구이고
죄인은 누구인가? 당신은 이 셋 중에 어느 쪽에 가까운가?
　바리새인은 자신이 죄인인 것을 몰랐다. 스스로 의인이라
고 여겼다. 하지만 세리와 죄 많은 여인은 가슴을 치며 하나님
앞에 고개조차 들지 못했다. 자신과 같은 죄인 앞에 하나님의

거룩하심이 얼마나 크며, 그 은혜가 얼마나 큰지 절절히 깨달았기 때문이다.

어찌 보면 바리새인과 같은 사람이 가장 불쌍하다. 자신이 의인이라 여기니 예수님의 구원의 능력이 필요 없다. 전도할 때도 어려움 가운데 있고 자신의 부족함과 한계로 힘들어하는 사람에게 복음을 전하기가 더 쉽다.

나름 자신의 삶에 만족하며, 무엇보다 자신이 도덕적으로 바른 삶을 살고 있다고 생각하는 사람에게 전도하기가 가장 어렵다. 자신이 '죄인'임을 전혀 인정하지 않기 때문이다.

그런데 교회 안에도 이런 사람들이 있다. 특히 모태신앙으로 별 문제 없이, 큰 사고를 치지 않고 자라온 사람들 중에 제법 있다. 복음에 대해 많이 들었기에 머리로는 동의한다. 자신의 죄를 예수님이 사하여주셨고, 그 은혜가 감사하다고. 하지만 진짜 그 사람의 속마음은 다르다.

'난 지옥에 갈 만큼 큰 죄를 짓지 않았어. 그 정도의 죄인은 아니야.'

그래서 하나님을 깊이 만나지 못하고, 신앙이 미지근하다. 나 역시 그랬다. 이런 모습이 바로 바리새인의 모습이리라. 겉으로는 신앙의 열심이 있는 것 같았지만, 속마음은 스스로 의인이라 여기는 교만과 안일함으로 가득 차 있었다.

예전에 향유 부은 여인을 칭찬하시는 예수님의 말씀 중, "사함을 받은 일이 적은 자는 적게 사랑하느니라"라는 구절을 보며 '죄를 많이 지어야 예수님을 더 사랑할 수 있나?'라는 의구심이 든 적이 있다.

하지만 주님과 가까워지고 빛 되신 그분 앞에 나아갈수록 내 안의 죄가 더 많이 보임을 깨달았다. 마치 방에 초 한 자루를 켜두었다가 LED로 조명을 밝히니 보이지 않던 더러운 것과 작은 먼지마저 보이는 것처럼.

과거에는 지금보다 더 죄 가운데 살았음에도 세상의 도덕 기준을 갖고 있어서 회개할 것이 그리 많지 않다고 생각했다. 그런데 지금은 과거에 비하면 개과천선한 삶을 살지만 오히려 내 안에 더 많은 죄를 발견한다.

자아가 틈만 나면 고개를 드는 것을 보며 내 안에 선한 것이 없음을 절감한다. 그럴수록 예수님이 내게 베푸신 십자가의 은혜에 깊이 감사하게 된다. 또 그분의 성품과 다른 내 자아의 정욕과 마주할 때 자연스럽게 회개기도가 나온다.

형식적인 기도가 아닌, 주님께 더욱 가까이 나아갈수록 되는 것이 회개기도다. 주님을 사랑한다고 하면서도 여전히 그분의 형상이 아닌 염려와 욕심으로 얼룩진 자아를 마주할 때 '상한 심령'으로 하는 기도 말이다.

하나님께서 원하시는 상한 심령

하나님께서 구하시는 제사는 상한 심령이라 하나님이여 상하고 통회하는 마음을 주께서 멸시하지 아니하시리이다 시 51:17

이 시편은 다윗이 밧세바를 범한 후에 하나님 앞에 엎드려 통회하는 기도이다. 그는 분명 죄의 유혹에 넘어졌고, 그로 인해 쓴 열매를 먹어야 했지만 벌을 받지 않기 위해 형식적으로 속죄제사를 드리지 않았다.

다윗은 죄로 인해 하나님과 멀어진 것을 후회했다. 주님의 마음을 상하게 해드린 것이 죄송하고 애통하여 마음을 찢었다. 이런 상한 심령을 하나님께서도 제사보다 기쁘게 받으셨다.

상한 심령이란 내 잘못으로 인해 진정 사랑하는 사람의 마음에 상처를 입혔을 때, 미안해하는 마음일 것이다. 당신이 주님을 진정 사랑하게 된다면 자연스럽게 이 마음이 생길 것이다.

나 역시 믿음이 없던 시절에는 죄를 지으면 벌을 받을까 봐, 그래서 내 일이 잘 풀리지 않을까 봐 혼나지 않을 만큼, 삶에 문제가 생기지 않을 만큼 적당히 눈치껏 하자는 마음이 컸다.

하지만 점점 주님께로 가까이 나아가고, 그분을 사랑하는 마음이 커질수록 내 안의 작은 더러움조차도 아버지를 속상하게 해드리는 것 같아 애가 타고 죄송했다. 때론 너무도 쉽게 올라오는 내 이기심과 정욕을 마주하며 아버지 앞에 가슴을 친다.

'이 죄인 중에 괴수, 어찌 주님의 은혜를 입고도 이럴까요? 아버지, 정말 죄송해요.'

그야말로 마음을 찢으며 눈물로 주님 앞에 엎드린다. 하나님께서 우리에게 원하시는 것은 그분을 사랑하기 때문에 상하는 이런 마음이 아닐까.

너희는 옷을 찢지 말고 마음을 찢고 너희 하나님 여호와께로 돌아올지어다 그는 은혜로우시며 자비로우시며 노하기를 더디 하시며 인애가 크시사 뜻을 돌이켜 재앙을 내리지 아니하시나니 욜 2:13

Amazing Grace

아버지가 돌아가시기 전, 병실에서 날마다 부르던 찬양이 〈나 같은 죄인 살리신〉(Amazing Grace)이다. 날마다 그 찬양을 소리 내어 부르며 하염없이 눈물을 흘리셨다.

나 같은 죄인 살리신 주 은혜 놀라워
잃었던 생명 찾았고 광명을 얻었네

큰 죄악에서 건지신 주 은혜 고마워
나 처음 믿은 그 시간 귀하고 귀하다

이제껏 내가 산 것도 주님의 은혜라
또 나를 장차 본향에 인도해주시리

거기서 우리 영원히 주님의 은혜로
해처럼 밝게 살면서 주 찬양하리라

간호하던 어머니가 다른 찬양도 하자고 했지만, 아버지는
눈물을 뚝뚝 흘리면서 이 찬양만 불렀다. 세월이 많이 흐르고
나도 신앙이 자라면서, '아버지의 하나님'이 아닌 '나의 하나
님'을 경험하면서 아버지가 인생의 마지막 문턱에서 왜 그 찬
양을 그토록 부르셨는지 조금 이해가 된다.

죄로 인해 죽을 수밖에 없는 인간의 무력한 절망 끝에서 예
수의 피가 얼마나 귀한지, 그 사랑이 얼마나 위대한지, 천국
소망을 가질 수 있는 것이 얼마나 놀라운지 아버지는 절절히
깨달은 듯하다.

IMF 여파로 힘겹게 이끌던 사업이 무너져 가족에게 남길 물
질적 재산은 다 사라졌지만, 아버지가 하늘나라로 가시며 내
가슴에 깊이 남겨주신 유언과도 같은 고백이다.

"나 같은 죄인 살리신 주 은혜 놀라워, Amazing Grace."

지금 나를 살아가게 하는 가장 귀한 유산이다.

당신은 하나님 앞에 죄인임을 깨닫는가? 당신에게 세워진 '죄의 기준'을 돌아보고 성령님께 도움을 구하라. 우리는 회개 조차도 스스로 하기 어렵다.

마치 죄를 향해 질주하던 다윗이 나단 선지자를 통해 깨닫게 되고, 웹툰을 보며 지은 죄를 인식하지 못하던 지체가 성령님의 도우심으로 회개기도를 하게 되고, 드라마를 시청할 뿐이라는 가벼운 생각으로 넘겨버리던 내가 돌이켜 회개하게 된 것처럼.

성령님을 통해 내 죄를 보게 하시고, 주님 앞에 상한 심령으로 마음을 찢도록 은혜를 부어주신다. 주님의 기준에 합당치 않은 죄를 고백하며 돌아선다면 당신은 하나님을 볼 수 있을 것이다. 이전에 주님을 경험하던 차원과는 다르게 더욱 가까이 거룩하신 주님을 만날 수 있으리라.

마음이 청결한 자는 복이 있나니 그들이 하나님을 볼 것임이요

마 5:8

- 죄를 깨닫고 회개할 수 있도록 성령님의 도우심을 구하기
- 죄의 기준을 하나님의 죄의 기준으로 바꾸기

ex. '선의의 거짓말은 나쁘지 않아'.

적용 | "악은 어떤 모양이라도 버리라"(살전 5:22). 선의의 거짓말도 거짓말인 것을 인정하자. 어떤 거짓말이라도 핑계하지 말고 진실한 사람이 되자.

ex. '혼전순결은 고리타분한 이야기야. 요즘 세상은 그렇지 않아. 모두가 그런 걸'.

적용 | "너희는 이 세대를 본받지 말고 오직 마음을 새롭게 함으로 변화를 받아 하나님의 선하시고 기뻐하시고 온전하신 뜻이 무엇인지 분별하도록 하라"(롬 12:2). 이 세대가 모두 그러할지라도 하나님의 뜻이 아니라면 그건 분명 죄다. 돌이키자. 과거에 어떠했든 지금부터라도 주님의 뜻에 따르자. 하나님이 선히 여기시고, 기뻐하시고, 온전하다고 말씀하시는 것이 무엇인지 기도하며 분별하자.

ex. '내 자식은 공부 잘하고 돈 잘 버는 사람으로 성공시켜야 해. 내 자식은 내 자랑이야'.

적용 | "여호와를 경외하는 것이 지식의 근본이거늘 미련한 자는 지혜와 훈계를 멸시하느니라"(잠 1:7). 자녀를 하나님을 경외하는 사람으로 키우는 것이 가장 중요하다. 나는 청지기일 뿐임을 잊지 말자.

chapter **8**

크게 명령하여

선포기도와 통성기도

PRAYER

START

LESSONS

선포기도

선포기도는 '명령하는 기도'라고 별칭을 붙여본다. '~를 해주세요', '~가 이루어지길 구합니다'라고 하는 기도를 '수동적 기도'라고 한다면, '예수님의 이름으로 명하노니 ~가 될지어다', '예수님의 이름으로 선포하노니 ~가 열릴지어다'라고 명령하는 기도는 '능동적 기도'라고 표현할 수 있다.

예수께서 십자가에서 죽으시고 부활하심으로 우리는 능력의 이름, '예수 그리스도의 이름'을 받았다. 그리고 예수님의 보혈을 힘입어 하나님의 자녀가 된 우리에게 이 능력의 이름을 사용할 수 있는 권한이 주어졌다.

칠십 인이 기뻐하며 돌아와 이르되 주여 주의 이름이면 귀신들도 우리에게 항복하더이다… 내가 너희에게 뱀과 전갈을 밟으며 원수의 모든 능력을 제어할 권능을 주었으니 너희를 해칠 자가 결코 없으리라 눅 10:17,19

실제로 제자들은 단기선교 여행에서 그 이름의 능력을 경험했다. 위의 말씀은 제자들이 예수님의 이름을 선포하니 귀신들이 그 이름 앞에 항복하는 것을 직접 보고 돌아와서 흥분된 목소리로 예수께 그 경험을 증거하는 장면이다.

이에 주님은 한 번 더 확증해주신다. 원수의 모든 능력을 제어할 권능을 바로 예수님의 이름 안에 주셨다고. 우리에게 이토록 위대한 이름을 주셨건만, 아직도 구약 시대에 머무른 것처럼 수동적인 기도에 머물러 있는 사람들이 제법 많다.

그들은 예배를 맡은 레위인을 통해, 지성소에 들어갈 수 있는 대제사장을 의지해서 기도하는 것처럼 청탁하듯이 기도한다. 하지만 우리는 신약 시대의 사람들이다. 지성소의 휘장은 찢겼고, 예수님의 이름으로 인해 왕 같은 제사장으로 부르심을 받았다.

> 그러나 너희는 택하신 족속이요 왕 같은 제사장들이요 거룩한 나라요 그의 소유가 된 백성이니 이는 너희를 어두운 데서 불러내어 그의 기이한 빛에 들어가게 하신 이의 아름다운 덕을 선포하게 하려 하심이라 벧전 2:9

내가 자주 암송하며 선포하는 말씀이다. 이것이 우리의 정체성이다. 우리가 곧 왕 같은 제사장, 거룩한 나라이기에 주님의 아름다운 덕을 선포하는 것이 우리의 권리이자 의무이다.

한 나라의 왕을 예로 들어보자. 신하는 나라의 대소사를 정할 때 왕 앞에 나아가서 의견을 올리고 왕의 결정을 기다린다. 왕이 그를 신임하고 사랑한다 하여도 이 절차를 반드시 거쳐야 하며, 그에게는 왕만큼의 권위가 없다.

하지만 왕의 아들이 있어서, 그에게는 왕에게 준하는 권한이 있다고 가정해보자. 왕자는 어떤 일을 만났을 때 왕궁으로 돌아가 왕의 허락을 받지 않아도 그 자리에서 명령함으로써 일을 처리할 수 있다. 왕이 마치 그 자리에 있는 것과 같은 권위를 가진다. 선포기도도 마찬가지라고 할 수 있다.

우리가 하나님의 뜻을 구하면서 기다려야 하는 것은 분명하지만, 또한 왕자처럼 예수의 이름으로 명령하고 선포할 수 있는 권위를 받았다. 마치 왕의 인장반지를 맡은 것처럼 예수님의 이름으로 그 능력이 주어졌다.

베드로가 요한과 더불어 주목하여 이르되 우리를 보라 하니 그가 그들에게서 무엇을 얻을까 하여 바라보거늘 베드로가 이르되 은과 금은 내게 없거니와 내게 있는 이것을 네게 주노니 나사렛 예수 그리스도의 이름으로 일어나 걸으라 하고 오른손을 잡아 일으키니 발과 발목이 곧 힘을 얻고 뛰어 서서 걸으며 그들과 함께 성전으로 들어가면서 걷기고 하고 뛰기도 하며 하나님을 찬송하니

행 3:4-8

베드로는 예수님의 부활 사건 이후 완전히 달라졌다. 이전에는 십자가에 달릴 것을 예고하시던 예수님을 붙잡고 매달리던 그였다. "항변하여 이르되 주여 그리 마옵소서 이 일이 결코 주께 미치지 아니하리이다"(마 16:22).

항변하여 말했다는 것에서 그가 얼마나 두렵고 떨리는 마음으로 예수께 간절히 매달렸는지 가늠이 된다. 그는 예수님이 떠나고 없는 세상을 상상도 할 수 없었다. 예수님이 늘 곁에 계셔야 하고, 그분을 통해서만 역사를 경험할 수 있다고 생각했다. 그런 베드로와 제자들을 향해 예수님은 말씀하셨다.

보혜사 곧 아버지께서 내 이름으로 보내실 성령 그가 너희에게 모든 것을 가르치고 내가 너희에게 말한 모든 것을 생각나게 하리라
요 14:26

그날에는 너희가 아무것도 내게 묻지 아니하리라 내가 진실로 진실로 너희에게 이르노니 너희가 무엇이든지 아버지께 구하는 것을 내 이름으로 주시리라 지금까지는 너희가 내 이름으로 아무것도 구하지 아니하였으나 구하라 그리하면 받으리니 너희 기쁨이 충만하리라 요 16:23,24

실제로 베드로와 제자들은 마가 다락방의 성령강림 사건

이후, 예수님의 이름으로 명령하고 선포하는 자들로 변화되었다. 베드로는 성전 미문에 앉아있던 앉은뱅이를 그날 처음 보지 않았을 것이다. 앉은뱅이는 아마도 늘 성전 앞에 나와 구걸했을 것이다.

하지만 이전과 달리 성령으로 인해 예수 이름의 능력을 사용할 줄 알게 된 베드로는 그를 향해 선포했다.

"내게 있는 이것을 네게 주노니 나사렛 예수 그리스도의 이름으로 일어나 걸으라!"

그 즉시 그는 일어나 걸었다. 심지어 뛰기도 하며 예수 이름의 능력을 찬양했다. "내게 있는 이것을 네게 주노니", 베드로는 자신에게 있는 것이 무엇인지 깨달았다. 바로 '나사렛 예수 그리스도의 이름'이었다.

만약 그가 구약 시대와 같은 기도만 했다면 성소에 들어가 제사장에게 요청한 다음, 그 기도가 올려지고 응답받을 때까지 기다려야 했을 것이다. 하지만 그 자리에서 바로, 그는 왕 같은 제사장으로 선포했다. 예수 그리스도의 이름을 받았으므로. 그리고 그의 명령하는 기도로 즉시 하나님의 치유의 역사가 임했다.

우린 예수의 이름으로 하나님의 뜻을 이 땅에 끌어오는 청지기다. 왕 같은 제사장, 거룩한 나라, 그의 소유가 된 백성으로서 어두운 곳에 하나님의 덕을 선포하며 명하는 임명권을 받은 자다. 이런 정체성을 가지고 기도하는 자와 그렇지 않은 자는 분명 큰 차이가 있다.

자칫 이런 자존감이 교만으로 흐를까 봐 불편한 사람이 있을지도 모르겠다. 물론 이것이 자신의 능력인 것처럼 자아도취에 빠져서는 안 된다. 하지만 예수님이 구약 시대를 끝내고 신약 시대를 여셨음에도 계속 종의 멍에를 매고 있는 것은 '겸손'이 아니라 '궁상'이다. 그 겸손한 마음을 제사장답게 살기 위해 늘 죄를 멀리하고, 말씀과 기도로 깨어있기 위해 애쓰는 데 드리라.

> 내가 너희에게 말하노니 여자가 낳은 자 중에 요한보다 큰 자가 없도다 그러나 하나님의 나라에서는 극히 작은 자라도 그보다 크니라 하시니 눅 7:28

"여자가 낳은 자 중에", 예수님은 사람이 낳은 자 중에 세례 요한보다 더 큰 자가 없다고 말씀하신다. 그는 정말 거룩하고 충성된 주의 종이었다. 하지만 예수님은 이어서 하나님의 나라에서는 극히 작은 자라도 그보다 크다고 하셨다. 이것은 성령으로 인해 다시 태어나는 신약 시대가 열림을 말씀하신 것이다.

예수님의 이름을 영접한 자는 성령으로 인해 거듭난다. 성령으로 인해 다시 태어난다. 따라서 우린 하나님의 자녀 즉 예수님의 형제로 입양된 것이나 다름없다. 법적으로 하나님의 자녀로 입적되었다.

이것은 구약 시대의 사람들과 정말이지 하늘과 땅 차이다. 얼마나 영광스럽고 감격적인 것인지 모른다. 예수님이 제자들에게 가르쳐주신 기도, 주기도문의 첫마디가 "하늘에 계신 우리 아버지여"이다. 이 책의 첫 장 '기도의 시작은 주님의 이름을 부르는 것'에서도 언급했지만, "아버지"라고 부르는 대목이 얼마나 놀라운지 모른다.

감히 하나님을 '아버지'라고 부르다니, 구약 시대의 사람들은 상상도 못할 충격적인 사건이다. 신성모독 죄로 여길 법한 일이었다. 그들은 여호와 하나님의 이름조차도 함부로 입에 올리지 못했기 때문이다. 하지만 이것이 바로 예수님이 하신 놀라운 일이다.

천사들도 악한 영들도 모두 놀라 자빠진 사건, 하나님의 공의와 사랑이 완전히 녹아서 담긴 그 십자가를 통해 바로 우리를 자녀 삼으셨다.

그래서 우리는 하나님의 자녀답게 예수님처럼 자라나고, 그분처럼 살아내야 한다. 또한 그 자존감을 가지고 예수님의 이름으로 선포하고 명령하는 기도를 하는 것이 바로 하나님을 기쁘시게 해드리고, 예수님을 영화롭게 하는 일이다.

어느 날, 하나님 아버지께 수동적인 기도를 계속 드리던 내 마음에 이렇게 말씀하시는 것 같았다.

'딸아, 내가 네게 예수 이름을 주었으니, 계속 내게 부탁하지 말고 네가 직접 명령하렴. 그럼 그대로 될 것이다.'

신선한 충격이었다.

'그래, 난 주님의 딸인데, 예수님의 거룩한 신부인데 왜 아직도 종처럼 기도하고 있었을까!'

이 진리를 깨닫고 나니 기도의 힘이 달라지는 것 같았다. 성경 말씀처럼 원수를 제어할 모든 권능이 '예수님의 이름으로' 호령할 때 흘러가는 듯했다. 실제로 기도할 때 이전보다 원수가 더 무서워 떠는 느낌이 들었다.

단기선교로 인도에 간 첫해의 일이다. 어쩐 일인지 노트북이 먹통이 되었다. 카메라 메모리카드의 용량이 부족해 노트북으로 영상과 사진 파일을 옮겨두어야 하는데 노트북이 아예 켜지지도 않았다.

영상팀 지체들이 무척 난감해하며 팀장인 내게 이 문제를 토로했다. 아주 멀쩡한 노트북이었는데 도대체 무엇이 원인인지 알 수가 없다고 했다. 인도 현지에서 서비스센터에 맡기기도 쉽지 않아 어찌해야 할지 고민스러웠다.

아침 기도모임 시간에 팀원들에게 이 문제를 이야기하고,

해결 방법을 찾도록 함께 기도하자고 했다. 그런데 기도하는 가운데 주님께서 이렇게 말씀하시는 것 같았다.

'이것은 너희 사역을 방해하는 영적인 공격이다. 노트북에 손을 얹고 예수의 이름으로 명령해라. 정상으로 돌아오도록 선포하며 기도해라.'

나는 즉시 마음의 감동을 나누었다. 우리는 노트북에 함께 손을 얹고 선포하며 기도했다.

"예수의 이름으로 명하노니 노트북은 켜질지어다. 정상으로 돌아와라. 이것을 방해하는 모든 어둠의 영을 예수의 이름으로 꾸짖노라."

이렇게 함께 기도한 후, 노트북의 전원 버튼을 눌렀다. 부팅되기까지 얼마나 긴장이 되는지 1분이 1시간처럼 느껴졌다. 잠시 후, 기적처럼 노트북 전원이 들어왔다. 밤새 눌러도 꿈쩍 않던 노트북이 정상으로 작동했다.

얼마나 놀라고 신이 났는지 다 같이 함성을 지르고, 팔짝팔짝 뛰며 웃었다. 그리고 하나님께 감사의 찬양을 올려드렸다. 모두가 감격해서 한 목소리로 찬양을 힘껏 불렀다.

능력의 이름 예수 권능의 이름 예수
모든 강력을 파하는 예수 생명 되신 예수

치유의 이름 예수 용서의 이름 예수

자유 주시는 그 이름 예수 생명 되신 예수

거룩한 이름 예수 빛을 주는 예수

모든 이름 위에 뛰어난 예수 생명 되신 예수

통성기도

한 포털사이트에 '통성기도'를 검색해보니, 얼마나 정리를 잘 해놓았는지 깜짝 놀랐다. 검색한 내용을 옮겨본다.

통성기도는 기독교에서 사용되는 기도의 한 방식으로, 크게 목소리를 내어 기도를 하는 행위를 가리킨다. 개신교, 특히 한국 개신교회의 예배 및 집회에서 이루어지는 기도 양식으로 영어권에서는 이와 같은 통성기도를 한국식 기도(Korean prayer)라 칭하기도 한다. 통성기도는 1907년 길선주 목사가 평양 부흥회 당시에 처음 도입한 것으로 알려져 있다. 기도를 시작할 때 소리 내어 "주여"를 1번에서 많게는 3번까지 외치며, 기도 시간이나 기도를 하는 양식은 인도자나 신자 개개인별로 다르다. 기도할 때의 자세는 다양하지만, 팔을 위로 뻗거나 옆으로 치들어 흔드는 자세로 기도하는 것이 보통이다. 순복음 계통 교회에서는 통성기도를 적극적으로 강조하며, 통성기도 와중의 방언을 '성령의 은사'로 규정하기도 한다.

-위키백과

여럿이 공동의 기도 제목을 두고 목소리를 합하여 함께하는 기도. 오늘날의 통성기도는 1907년 평양 대부흥회 때에 시작된 것으로 알려졌다. 그해 1월 6일부터 시작된 성회는 성령의 힘찬 강림으로 놀라운 역사가 일어났고 그다음 토요일 밤 이길함(Graham Lee) 선교사가 설교 후에 누구나 성령께서 인도하시는 대로 두세 분이 기도하라고 하였다. 그때 20여 명이 일어나 서로 기도함으로 "그렇다면 다 같이 기도합시다"고 한 것이 통성기도의 시작이 되었다고 한다. 그 후 '통성기도'는 '동시기도', '합심기도', '통공기도'라고도 불러지게 되었고 이것이 한국교회의 한 특징이 되었다.

-《교회용어사전 : 교회 일상》(생명의말씀사)

　1907년 평양 대부흥, 그 역사의 현장에서 처음 도입된 기도의 방식이라고 한다. 그런데 사실 원조는 초대교회라 할 수 있다.

사도들이 놓이매 그 동료에게 가서 제사장들과 장로들의 말을 다 알리니 그들이 듣고 한마음으로 하나님께 소리를 높여 이르되 대 주재여 천지와 바다와 그 가운데 만물을 지은 이시요… 빌기를 다 하매 모인 곳이 진동하더니 무리가 다 성령이 충만하여 담대히 하 나님의 말씀을 전하니라 행 4:23,24,31

사도들과 초대교회 성도들이 한마음으로 하나님께 '소리를 높여' 기도한 것은 심령의 자세뿐만 아니라, 실제로 그들이 큰 소리를 내어 하나님께 부르짖었음을 의미한다. 그렇게 포효 하듯이 큰 소리를 높여 기도할 때 모인 곳이 진동하더니 무리 가 다 성령으로 충만해졌다. 통성기도의 힘이다.

실제로 많은 성도들이 모여 "주여~"를 부르짖으며 큰 소리 로 기도할 때, 온몸에 소름이 돋고 전율이 오르는 것을 느낄 수 있다. 만약 영적인 에너지를 볼 수 있는 안경이 있다면 어 떨까. 그것을 착용하고 통성기도 하는 공간을 바라보면 영적 인 에너지가 피어올라 그곳을 가득 채우는 것을 확인할 수 있 지 않을까. 실제로 31절의 "성령이 충만하여"에서 "충만하여" 의 헬라어를 찾아보면 "플레도", 즉 '가득 채우다'라는 의미로 쓰였다.

만약 당신이 좋아하는 가수의 콘서트에 갔다고 생각해보 자. 그가 무대에 올라 노래를 부르면 당신의 반응은 어떠하겠는가. 절로 함성이 터져 나오고 몸이 리듬에 맞춰 들썩이지 않을까. 예전에 생일선물로 유명한 가수의 콘서트 티켓을 받은 적이 있다. 사실 내가 평소 좋아하던 가수는 아니었다. 그럼에도 콘서트 현장에 가서는 멋진 조명과 분위기, 노래에 휩쓸려 나도 모르게 얼마나 소리를 질렀는지 모른다. 하물며 내 생명 되신 예수 그리스도 앞에서 언제나 잠잠한 목소리로만 기도할 수 있겠는가.

과거에 나는 '통성기도'를 별로 좋아하지 않았다. 유난스러워 보이고, 굳이 소리를 내어 기도를 해야 하는지 이해하지 못했다. 그저 마음을 다해 하나님 앞에 잠잠히 기도하면 된다고 생각했다. 물론 그렇게 기도하는 시간도 분명 소중하다. 하지만 통성기도를 기피하는 것은 얘기가 달라진다.

나 역시 기도를 배우고 기도가 늘어가며 통성기도가 얼마나 능력이 있는지 깨닫자 생각이 달라졌다. 그래서 단기선교 팀장으로 매년 섬기면서 팀원들에게 통성기도 훈련을 반드시 시킨다. 선교를 준비할 때 함께 통성기도 하는 것이 중요하고, 현장에 가서도 통성기도를 통해 성령께서 역사하시는 경험을 많이 했기 때문이다.

실제로 인도에서 만난 한 신학교 학장님은 한국에서 신학 공부를 했는데, 한국교회의 두 가지가 인상적이었다고 했다.

하나는 '새벽기도'이고, 또 하나는 '통성기도'라고 했다. 그 기도를 통해서 한국교회의 저력을 느꼈다고 했다.

해외 사역자의 설교 영상에서 우리 민족의 '통성기도', 즉 'Korean prayer'에 대해 언급하는 것을 들었다. 그는 한국 성도들이 통성으로 기도하는 것이 놀랍다고 했다. 그렇게 기도할 때 성령께서 충만하게 임재하시며 강력한 기도가 되는 것을 느낄 수 있었다고 했다.

그러고는 함께 한국식으로 기도를 하자고 권하며 주님의 이름을 세 번 부르고 기도하겠다고 선포했다. 나는 그가 영어로 "My Lord" 또는 "Jesus"라고 외치지 않을까 생각했다. 그런데 그가 "Jooyeo", 한국어 발음 그대로 "주여"라고 외치는 것이 아닌가! 내 편견이 깨지는 순간이었다.

우리 민족의 통성기도가 열방에 선한 영향을 미치다니, 그들이 우리의 통성기도를 통해 초대교회의 사도들과 같은 강력한 기도의 힘을 느끼다니 얼마나 놀랍고 자랑스러운가!

그런데 통성기도가 젊은 세대에서 사라지고 있는 듯해 안타깝다. 소리 내어 기도하는 것이 과거의 전유물로 치부되는 것은 원수가 원하는 바가 아닐까.

너는 내게 부르짖으라 내가 네게 응답하겠고 네가 알지 못하는 크고 은밀한 일을 네게 보이리라 렘 33:3

통성기도는 개인의 골방에서도 할 수 있다. 우리는 여럿이 함께 기도하는 자리에서 통성기도를 할 때가 많지만, 하나님과 단둘이 만나는 정시기도 시간에도 할 수 있다. 아니, 가끔은 통성으로 기도하라고 권하고 싶다.

혼자 기도할 때, 소리를 내지 않고 잠잠히 기도하다 보면 졸음이 몰려오기 쉽다. 혹은 생각의 소용돌이에 붙잡히기도 한다. 앞에서 그럴 때 '찬양기도'와 '말씀기도'를 통해 극복하면 좋다고 언급했는데, 사실 엄밀히 말하면 소리 내어 찬양을 부르고, 소리 내어 말씀을 반복해서 읽는 것 자체가 통성기도이다.

또한 '예수님의 이름으로' 선포하는 기도 역시 소리 내어 하는 통성기도이다. 나는 골방에서 소리 내어 통성으로 기도할 때가 아주 많다. 내 감정과 여러 기도 제목들을 소리 내어 하나님께 아뢴다. 그때 하나님께 집중이 더 잘 된다. 정리되지 않은 생각이나 감정의 찌꺼기가 금방 처리되는 것을 느낀다. 쓸데없는 생각의 잔재들이 순식간에 사라진다.

그리고 "믿음은 들음에서 난다"는 말씀처럼, 마음속으로만 기도할 때보다 소리를 내어 내 귀에 들려줄 때 더욱 믿음이 생기고 기도에 집중이 잘 되는 것을 느낀다.

드러내어 선교할 수 없는 지역이라면 좀 어렵겠지만, 가능한 곳이라면 통성으로 함께 기도할 때 선교에 더 힘이 붙는 것을 느낄 수 있다.

매년 인도 단기선교를 가면 마을 곳곳을 방문해서 거리공연을 하는데, 이때 사람들의 마음이 활짝 열린다. 우리가 만든 '복음팔찌'를 보여주며 인도 현지 사역자가 복음을 선포하면, 팀원들이 마을 주민들에게 다가가 복음팔찌를 손목에 채워주며 한 사람 한 사람을 위해서 기도한다.

한국말을 알아듣지 못해도 우리가 소리 내어 눈물을 흘리며 기도할 때 그들도 함께 우는 경우가 많다. 그러고 나면 그들의 얼굴이 환하게 변화되어 서로 얼싸안고 축복한다. 우리와 동역하는 인도인 형제자매들이 통성으로 기도할 때 성령의 터치를 느껴 전율이 오르기도 하고, 주님의 마음이 전해진다고 간증했다.

한국으로 돌아와 선교사님으로부터 마을 전도를 한 곳의 많은 영혼들이 주일에 교회에 나왔다는 소식을 들었다. 우리의 기도를 통해 하나님께서 영혼 구원의 열매를 맺어가시는 것이 참으로 놀랍고 감사하며, 영광스럽다.

잠잠한 묵상으로 기도하는 것도 좋지만, 때로 골방에서 소리 높여 기도해보자. 왕 같은 제사장, 거룩한 나라, 그의 소유된 백성답게 선포하며 소리 내어 기도하자.

- 소리 내어 기도해보기
- 수동적 기도에서 능동적 기도로 즉, 선포하는 기도로 바꿔보기

ex. 질병으로 인해 고통스러워요. 고쳐주세요.

적용 | 예수 그리스도의 이름으로 명하노니 질병은 떠나가라! 예수의 보혈로 온전케 될지어다!

ex. 부정적인 감정과 생각들로 마음이 어려워요. 주님, 여기서 건져주세요.

적용 | 예수님의 이름으로 꾸짖노니 부정적인 감정과 생각들은 떠나가라! 거부하노라. 내 마음과 생각 가운데서 속히 떠나가라!

ex. 재정으로 걱정이 되고 힘들어요. 주님, 도와주세요.

적용 | 예수님의 이름으로 선포한다. 필요한 재정들은 채워져라! "너희는 무엇을 먹을까 무엇을 마실까 하여 구하지 말며 근심하지도 말라 이 모든 것은 세상 백성들이 구하는 것이라 너희 아버지께서는 이런 것이 너희에게 있어야 할 것을 아시느니라 다만 너희는 그의 나라를 구하라 그리하면 이런 것들을 너희에게 더하시리라"(눅 12:29-31)라고 하신 말씀처럼 주님께서는 다 아시고 채우신다. 내 영혼아, 주님의 나라를 구하자!

chapter 9

매달리며 침노하는

간구기도

PRAYER

START

LESSONS

하나님만 의지하는 믿음의 기도

간구하다 : 구하는 것을 얻기 위해 강력하게 매달리다.
-《라이프성경사전》(생명의 말씀사)

이 성경사전에 의하면 "간구하다"의 원어인 "다라쉬"는 '두드리다', "아타르"는 '향을 피우다', "카라"는 '소리치다'와 '외치다'라는 의미를 갖는다고 한다.

이는 곧 간구하는 자의 자세와 강도가 얼마나 강렬한지 생생하게 보여준다. 이와 같이 하나님께 간절히 매달려 구하는 기도를 '간구기도'라고 한다.

지금까지 살아오면서 하나님 앞에 간구기도를 해본 적이 있는가? 있었다면 응답을 받았는가? 그 기도가 현재진행형일 수도 있고, 아니면 응답받지 못했을 수도 있다. 또는 간구기도를 한 번도 해보지 않은 사람도 있을 것이다.

성경 속 인물들은 어떻게 간구기도를 했는지, 간구기도란 무엇인지 살펴보자.

한나가 마음이 괴로워서 여호와께 기도하고 통곡하며 서원하여 이르되 만군의 여호와여 만일 주의 여종의 고통을 돌보시고 나를 기억하사 주의 여종을 잊지 아니하시고 주의 여종에게 아들을 주시면 내가 그의 평생에 그를 여호와께 드리고 삭도를 그의 머리에 대지 아니하겠나이다 삼상 1:10,11

성경에는 임신하지 못하는 여인들의 이야기가 유독 많다. 믿음의 조상 아브라함의 아내 사라가 그랬고, 아브라함이 100세에 얻은 아들 이삭의 부인 리브가 역시 그랬다. 성경을 보면 이삭이 아내를 위해 기도하는 장면에서 처음으로 '간구'라는 단어가 나오는 것이 흥미롭다.

이삭이 그의 아내가 임신하지 못하므로 그를 위하여 여호와께 간구하매 여호와께서 그의 간구를 들으셨으므로 그의 아내 리브가가 임신하였더니 창 25:21

이삭이 임신하지 못하는 아내를 위해 '간구'하자 하나님은 그의 기도를 들으시고 태의 문을 여셨다. 그렇게 얻은 쌍둥이 아들 중 야곱은 어떠했는가. 그가 가장 사랑한 부인 라헬도 불임이었다.

사사 시대에는 삼손의 어머니인 마노아의 아내가 그러했으며, 신약 시대로 넘어와서는 세례 요한의 어머니 엘리사벳이 임신하지 못하는 여인이었다. 성경은 임신하지 못하는 여인들의 스토리라고 해도 과언이 아닐 정도다.

자녀를 잉태하고 낳는 것이 진정 생명을 주관하시는 하나님께 달려있음을 다시 한번 깨닫는다. 우리는 그들의 '간구기도'를 통해 하나님께서 사명을 지닌 자녀를 허락하시고, 그분의 역사를 이뤄나가시는 것을 볼 수 있다.

다시 한나 이야기로 돌아오면, 그녀야말로 임신하지 못하던 여인 중 가장 모범적인 '간구기도'를 한 여인이 아닐까 싶다. 그녀는 다른 여인들과 달랐다. 아브라함의 아내 사라는 하나님을 의지하지 않고 인간적인 수를 쓰는 바람에 결국 갈등으로 되받는 아픔을 겪었고, 라헬은 임신에 좋다는 합환채에 집착하다 질투 대상인 레아만 좋은 일을 시켰다.

또 마노아의 아내는 하나님의 은혜로 삼손을 얻었건만 애지중지 버릇없이 키워 아들의 불행한 죽음을 지켜봐야 했다. 하지만 한나는 후처 브닌나가 그녀를 심히 격분시켜 마음이 상해도 하나님 앞에 나아가 그 심령을 쏟아낼 뿐이었다. 그녀는 오직 하나님께만 매달렸다. 브닌나와 다투거나 인간적인 수를 찾아 애쓴 장면이 전혀 나오지 않는다.

성경은 그녀의 기도에 대해 "여호와께 기도하고 통곡하

며"(삼상 1:10), "오래 기도하는 동안"(삼상 1:12), "여호와 앞에 내 심정을 통한 것뿐이오니"(삼상 1:15)라고 설명했다. 오직 하나님께 간구기도로 나아가 '믿음의 고백'을 한 것이다. 이 믿음이 없었다면 하나님께만 매달리지 않았을 것이다. 기도하는 것을 멈추고 인간적인 방법을 찾았을 것이다.

사라는 자신의 종 하갈을 통해 이스마엘을 낳고, 생리가 끊어져 단산이 되자 아예 소망을 접어버렸다. 하지만 주님께서 그녀에게 오셔서 말씀하셨다. 분명히 약속의 자녀를 주겠다고. 그러나 그녀는 웃었다.

> 아브라함과 사라는 나이가 많아 늙었고 사라에게는 여성의 생리가 끊어졌는지라 사라가 속으로 웃고 이르되 내가 노쇠하였고 내 주인도 늙었으니 내게 무슨 즐거움이 있으리요 여호와께서 아브라함에게 이르시되 사라가 왜 웃으며 이르기를 내가 늙었거늘 어떻게 아들을 낳으리요 하느냐… 사라가 두려워서 부인하여 이르되 내가 웃지 아니하였나이다 이르시되 아니라 네가 웃었느니라
>
> 창 18:11-13,15

이삭의 이름의 의미는 '웃음'이다. 그녀의 웃음에도 불구하고 주님은 폐경한 그녀에게 약속의 아들 이삭을 주셨다. 불신으로 기도는 접어둔 채 인간적인 방법을 쓰던 그녀에게 하나

님께서는 다시금 약속을 상기시켜주셨다. 그 후에 그녀는 열국의 어미답게 믿음을 잡고 나아간 듯하다.

믿음으로 사라 자신도 나이가 많아 단산하였으나 잉태할 수 있는 힘을 얻었으니 이는 약속하신 이를 미쁘신 줄 알았음이라 이러므로 죽은 자와 같은 한 사람으로 말미암아 하늘의 허다한 별과 또 해변의 무수한 모래와 같이 많은 후손이 생육하였느니라 히 11:11,12

이처럼 간구는 하나님만을 의지하고 믿음으로 나아가는 기도이다. 사라는 기도 대신 인간적 방법을 택했을 때 아픔을 겪었지만 다시 약속을 붙들고 믿음으로 나아가 약속의 아들을 얻었다. 한나는 원통함과 격분됨이 많음에도 온전히 하나님을 향한 믿음의 기도를 드림으로 위대한 사사 사무엘을 낳았다.

이처럼 내 노력과 환경과 사람을 의지하는 것이 아니라 오직 하나님만을 의지하며 그분께 전적인 믿음으로 구하자.

하나님의 뜻을 만나는 인내의 기도

간구기도의 또 한 가지 특징은 '인내'다. 사실 몇 번 기도하고 곧바로 응답이 이루어진다면 매달리며 간구할 일도 없을 것이다. 오랜 시간 인내해야 할 때 하나님께 나아가 간절히 부르짖는 간구기도로 이어진다.

놀랍게도 그 인내를 통과할 때 진짜 하나님의 뜻을 알게 된다. 한나의 기도도 그랬다. 처음엔 단지 자녀를 얻고자 하는 기도로 출발했지만, 거기서 그치지 않고 자녀를 아버지께 드리는 서원기도로까지 나아갔다.

한나의 서원은 당장 자녀를 얻기 위해 내건 섣부른 약속이 아니었다. 그녀는 간구의 시간을 통해 아버지의 마음을 받아 서원에 이르렀다.

당시 이스라엘은 오랜 시간 하나님 말씀이 임하지 않은 암흑기였는데, 불임 여성 한나의 기도를 들으신 하나님께선 그분의 뜻을 그녀에게 부으사 긴 침묵의 시대를 끝내고자 하셨다. 이에 한나는 사무엘을 낳고, 그가 젖을 떼자마자 성전에 데려와 주님께 드린다.

오랜 고통과 인내의 시간을 견디어 얻은 귀한 아들을 그녀는 기꺼이 서원한 대로 하나님께 드렸다. 그리고 기쁨이 충만하여 찬송했다.

한나가 기도하여 이르되 내 마음이 여호와로 말미암아 즐거워하며 내 뿔이 여호와로 말미암아 높아졌으며 내 입이 내 원수들을 향하여 크게 열렸으니 이는 내가 주의 구원으로 말미암아 기뻐함이니이다 여호와와 같이 거룩하신 이가 없으시니 이는 주밖에 다른 이가 없고 우리 하나님 같은 반석도 없으심이니이다 삼상 2:1,2

한나는 제사장이었던 엘리보다 훨씬 훌륭한 기도의 사람이었다. 엘리는 하나님의 크고 거룩한 직분을 맡은 제사장이었음에도 아들들의 죄를 방조했다. 결국 하나님의 진노와 저주로 아들들은 죽임을 당했고 집안은 몰락했다.

반면에 한나의 기도로 얻은 사무엘은 제사장 엘리가 평생 들어보지 못한 하나님의 음성을 어린 나이에 들었다. 그리고 하나님께서 들어 쓰시는 시대의 선지자로, 충성스런 제사장으로 자랐다.

이 모든 것이 그의 어미였던 한나의 인내를 통한 간구기도로 이루어진 열매일 것이다. 게다가 선하신 주님은 독생자를 바친 한나를 돌보사 세 아들과 두 딸을 더 주셨다.

한나가 인내의 시간을 드려 간구하지 않았다면 하나님의 뜻을 만날 수 없었을 것이며, 위대한 사사 사무엘도 존재할 수 없었을 것이다.

간구기도에 대해서 한 가지 간증을 하겠다. 앞서 언급했듯이 나는 연기를 전공하고 20대에 연기자의 삶을 살았다. 유명한 배우는 되지 못했으나 제법 기회가 있었다.

어렸을 때부터 배우가 되고 싶었으나 공부하기를 원했던 부모님의 소망에 순종하여 공부에도 열심을 냈다. 하지만 하나님 앞에 그 소원을 간절히 아뢰며 부모님 몰래 꿈을 키워왔다. 그러다 아버지가 아프시고 수능을 치르기 직전에 하늘나라로 가시며 집안 형편이 몹시 어려워졌다. 그런 상황에서 배우가 되고 싶다는 말을 꺼낼 수가 없었고, 연기학원은 상상조차 할 수 없었다.

그렇게 일반 사회학 계열로 처음 입학했던 여대에서 연극동아리를 하며 연기를 공부할 기회를 얻었다. 그리고 대학 연극제에 나가서 큰 상도 받았다. 이 일을 계기로 어머니께 승낙을 받아 한예종 연기과에 도전했고, 합격의 기쁨도 얻었다.

나는 소위 '길거리 캐스팅'으로 모델 일을 시작할 수 있었고, 일찍 소속사에 속했다. 그토록 원하던 연기를 할 수 있는 삶이 펼쳐지는 듯했다. 하지만 이후 여러 소속사를 거치며 어려운 일들을 많이 겪었고, 주님을 뜨겁게 인격적으로 만나면서 신앙적 가치관과 부딪쳐 소속사와 더 큰 갈등을 겪었다.

오랜 시간 눈물로 하나님께 간구기도를 했다. 무척이나 소원했던 일이기에 수도 없이 매달리며 기도해왔다. 그러다 하나님께서 그것이 주님보다 더 높아진 마음의 우상임을 깨닫게 하셔서 깨트리고자 몸부림을 쳤다. 그렇게 처절하게 싸우며 나아가면 나를 '하나님의 배우'로 세워주시리라 기대했다. 이 간구기도로 인해 내가 골방기도를 시작했다고 해도 과언이 아니다. 하지만 시간이 흐르며, 주님은 내 마음에 미처 생각지 못했던 다른 뜻을 부으셨다.

지금의 남편을 처음 만났을 때, 언젠가 사역자로 불러주시기를 기다리던 그였지만 당시 남편은 교사였다. 그래서 '사모'라는 것은 막연하고 먼 이야기처럼 여겨졌다. 게다가 배우로서 문화사역의 꿈을 꾸던 나였기에 혹여 '배우 사모'가 되면 몰라도 '목사 사모'는 결코 되고 싶지 않았다.

사실 사모로서의 삶을 꿈꿔본 적이 한 번도 없었다. 하지만 주님을 믿고 인내의 기도로 나아가는 과정에서 아버지께서 내 생각을 바꾸셨다. 물론 의심과 괴로움, 두려움으로 요동칠 때도 많았다. 마음이 실족하여 일주일 동안 우울증 환자처럼 누워있기도 했다.

금식기도, 새벽기도, 40일, 100일 작정기도 등 수없이 기도하며 매달렸다. 주님은 신실하게 나를 만나주셨고, 말로 설명할 수 없는 깊은 은혜를 부어주셨다. 그리고 내 뜻이 아닌, 아버지의 선하신 뜻을 바라보게 하셨다.

점점 사모로 사는 삶이 얼마나 감사하고 영광스러운 길인지, 이전에 내가 꿈꾸던 삶과는 비교할 수 없을 만큼 얼마나 복된 길인지 깨닫게 하셨다. 이 세상의 스타가 아닌 하늘의 스타로 빛나게 해주시려는 값진 자리임을 알게 해주셨다.

나와 같은 죄인을 불러 변화시켜주시고 주의 일에 동역할 기회를 주시다니, 얼마나 황송하고 감사했는지 모른다. 지금은 왜 그토록 연기자가 되는 것에 목을 맸는지 주님 앞에 부끄럽다(물론 연기자가 부르심인 사람이 있다. 그것을 우상 삼았던 내 모습을 말하는 것이다).

이제 내 소망은 많은 영혼을 주님께로 인도하는 주의 종으로 사는 것이다. 7년간 섬겨온 기도시작반을 비롯해 여러 사역을 섬기면서 너무나 감사하고 행복하다. 진심에서 우러나온 한나의 기쁨의 찬양처럼 말이다.

나를 지으신 분이 하나님이시고, 내게 가장 좋은 것을 주시는 분 역시 하나님이시기에, 믿음과 인내로써 간구기도 할 때 우리는 분명 '하나님의 뜻'을 만날 수 있을 것이다.

항상 기도하고 낙심하지 않는 기도

하나님께서 선하신 분임을 믿고 '끝까지' 간구기도를 해야 함을 명쾌하게 설명한 말씀이 있다.

예수께서 그들에게 항상 기도하고 낙심하지 말아야 할 것을 비유로 말씀하여 이르시되 어떤 도시에 하나님을 두려워하지 않고 사람을 무시하는 한 재판장이 있는데 그 도시에 한 과부가 있어 자주 그에게 가서 내 원수에 대한 나의 원한을 풀어주소서 하되 그가 얼마 동안 듣지 아니하다가 후에 속으로 생각하되 내가 하나님을 두려워하지 않고 사람을 무시하나 이 과부가 나를 번거롭게 하니 내가 그 원한을 풀어주리라 그렇지 않으면 늘 와서 나를 괴롭게 하리라 하였느니라 주께서 또 이르시되 불의한 재판장이 말한 것을 들으라 하물며 하나님께서 그 밤낮 부르짖는 택하신 자들의 원한을 풀어주지 아니하시겠느냐 그들에게 오래 참으시겠느냐

눅 18:1-7

예수님은 '선한 재판장'을 예로 들지 않으셨다. 하나님을 두려워하지 않고 사람을 무시하는, 그야말로 엄청나게 '불의한 재판장'을 들어 설명하셨다. 그에게는 선함도, 긍휼도, 그 무엇도 없었지만 과부의 원한을 풀어주었다.

왜일까? 밤낮으로 찾아오는 과부의 끈질김 때문에 번거로워서 들어주었다. 이렇게 불의한 자도 포기하지 않고 두드리면 귀찮아서라도 풀어준단 말이다.

하물며 하나님께서 포기하지 않고 부르짖는 자녀의 기도를 외면하시겠는가. 예수님은 '항상 기도하고 낙심하지 말아야 할 것'을 특별히 당부하신다.

그런데 왜 한 번에 주시지 않는가? 앞서 얘기한 한나의 기도처럼 하나님의 뜻을 만나는 지점까지 가야 하기 때문이다. 내 경우처럼 하나님의 뜻을 깨닫는 지점까지 닿아야 한다.

항아리 아귀까지 채워야 물이 포도주로 변하듯 기도의 양을 필요로 할 때가 있고, 기도가 응답되기까지 싸움이 필요한 경우도 있다(이것은 '영의 기도'에서 좀 더 자세히 다루겠다). 아무튼 하나님께서 불의한 재판장처럼 '나쁜 하나님'이시기 때문이 결코 아니다.

하나님은 인내의 기도를 통해 우리의 믿음을 자라게 하시며, 선하신 그분의 뜻을 만나게 하신다. 더불어 이 시간과 과정을 통해 포기하지 않는 끈질긴 근성을 단련하고 싶으신 것 같다.

낙심하지 않고 끝까지 기도로 두드려 하나님의 은혜를 맛본 적이 있다. 내 첫 단기선교지는 몽골이었는데, 주님의 음성을 경청한 것이 계기가 되어 가게 되었다.

하루는 마음이 너무 지쳐 교회에 가서 찬양을 크게 틀어놓고 마음의 주파수를 주님께 맞추었다. 그때 내가 좋아하는 시편 23편 말씀이 떠올랐다.

여호와는 나의 목자시니 내게 부족함이 없으리로다 그가 나를 푸

른 풀밭에 누이시며 쉴 만한 물가로 인도하시는도다 내 영혼을 소
생시키시고 자기 이름을 위하여 의의 길로 인도하시는도다

시 23:1-3

말씀에 나오는 '푸른 풀밭과 쉴 만한 물가'가 머릿속에 펼
쳐졌다. 푸르른 잔디밭과 금빛 물결이 잔잔히 흐르는 시냇물,
그곳에 내가 서 있는 듯한 느낌을 받았다. 그때 불현듯 '몽골
에 가라. 내가 이와 같은 곳을 보여주마. 참 평안을 누리게 될
것이다'라는 주님의 음성이 마음속에 들렸다. 뜻밖이었다.

당시 교회에서 몽골 단기선교 팀이 꾸려져 두 달 전부터 준
비 중이었는데, 나는 선교에 관심이 없었기에 신청하지 않았
다. 더구나 열흘 후면 선교지로 출발하는데 뒤늦게 팀에 합류
하는 것은 불가능할 뿐더러 무례한 일이라고 생각했다.

무척 고민이 되었다. 하지만 포기하고 싶지 않았다. 분명히
내 생각이 아니었기 때문이다. 고민 끝에 담임목사님께 연락
을 드렸다.

"여권은 있니?"

목사님이 물으셨다. 여권이 만료되어 재발급을 받아야 하
는 상황이었다.

"비자도 받아야 하는데…. 상황이 열리면 가라."

기적이 일어나야만 했다. 그 무렵 단기선교 팀의 한 지체가

갑작스레 작은 수술을 받게 되면서 내가 합류할 수 있는 조그만 문이 열렸다. 이를 힘입어 바로 여권과 비자 신청을 준비했다. 모두 발급받으려면 시간이 부족했지만, 들려주신 음성을 믿음으로 붙잡고 구청으로 달려갔다.

감사하게도 합당한 사유가 있으면 긴급여권을 발급해준다는 정보를 얻고 나름 서류를 열심히 준비해서 갔다. 동역하던 의료팀에게 부탁해서 공문을 받았고, 온 힘을 다해 자료를 꾸렸다. 휴가철이어서인지 긴급여권만 따로 처리하는 담당자 앞에 줄이 길게 늘어서 있었다.

한참 줄을 서서 서류 제출하기를 여러 번, 번번이 조건에 부합하지 않아 거절당했다. 그렇게 구청에서 3시간이 훌쩍 지났지만 그대로 집에 돌아갈 수가 없었다. 차마 발걸음이 떨어지지가 않았다. 그래서 구청 한쪽 구석에 앉아 기도했다. 그런데 담당자가 내게 다가와 말했다.

"도대체 얼마나 급하기에 그러시죠?"

번번이 거절당하는데도 계속 서류를 들고 찾아오며 몇 시간째 구청을 떠나지 않는 내가 마음에 걸렸던 모양이다. 간절한 마음으로 자초지종을 설명했다. 그러자 그가 윗사람에게 가서 설명하는 듯했다. 그가 돌아와서 말했다.

"저 분께 가서 말씀해보세요. 제가 도와드릴 수 있는 건 여기까지 같네요."

어찌나 고마운지 얼른 달려가 서류들을 보이며 간청했다. 봉사하는 자리이기도 하며 공연의 한 역할을 맡았기에 꼭 가야만 한다고 열심히 설명했다. 그가 별다른 표정 변화 없이 가만히 듣더니 답했다.

"그러면 내일 나오게 해드리면 되나요?"

"네, 정말요? 감사합니다."

돌아서서 나오는데 눈물이 핑 돌았다. 그렇게 최소 닷새는 걸릴 여권이 하루 만에 나왔다. 여권을 받고 바로 비자 신청을 했는데, 놀랍게도 이틀 만에 비자가 나왔다. 문이 활짝 열린 것이다.

그렇게 가게 된 몽골에서 난 그야말로 영안이 열리는 경험을 했다. 한국에서 연기자로 성공하기 위해 늘 욕망과 염려 사이에서 달음질치던 나는 진정한 그리스도인의 삶이 무엇인지, 오직 주님으로 참된 평안을 누리는 것이 무엇인지 깨달았다.

늘 땅에만 머무르던 시선이 하늘로 옮겨지는 시간이었다. 놀랍게도 몽골로 가라는 주님의 음성과 함께 머릿속에 그려진 장면과 같은 장소를 실제로 만났다. 푸른 초원과 햇빛을 받아 금빛 물결처럼 잔잔히 흐르는 시냇물, 정말이지 꿈만 같았다. 하나님께서 살아 역사하시는 것이 온몸으로 느껴지는 순간이었다. 그때 이후 난 여름이면 단기선교를 떠난다. 그것이 10년 넘게 이어져 오고 있다.

만약 그날 구청에서 거절당했을 때 바로 집으로 돌아왔다면 어땠을까. 2시간까지만 버티다 돌아섰다면 오늘날의 나와는 꽤 다른 모습으로 살고 있지 않을까. 낙심하지 않고 끝까지 두드릴 때 살아계신 하나님, 응답하시는 하나님을 만날 수 있다.

침노로 하나님의 뜻을 끌어오는 기도

사단은 우리를 낙심케 한다. 낙심을 통해 믿음을 훔치고, 끝까지 기도하지 못하게 한다. 거기에 넘어지면 안 된다. 나아가 공격받을 때, 수동적으로 방어만 하지 말고 좀 더 적극적인 태도로 나아가는 것이 필요하다.

천국은 침노를 당하나니 침노하는 자는 빼앗느니라 마 11:12

예수님은 천국을 침노하는 자가 있다고 말씀하셨다. 여기서 침노는 영어로는 "violence" 즉 '폭력', '격렬함'을 의미하며, 헬라어로는 "비아조", "비아스테스" 즉 '강제로', '원기 왕성한 사람'이라는 의미를 갖는다.

그런데 예수님은 이 단어를 부정적인 의미로 말씀하지 않으셨다. 오히려 우리에게 '침노하라'고 도전하셨다.

실제로 주님께서 공생애 사역을 하는 동안 병을 고치거나 귀신을 쫓아내는 능력을 '침노하는' 자들에게 베푸셨다. 그리고 "내 능력으로 너를 치유했다"라고 하지 않으시고, "네 믿음이 너를 구원하였다"라고 말씀하셨다.

하나님의 능력과 역사를 이 땅에 끌어오는 것이 바로 '침노'다. 이것은 영어와 헬라어에서 보다시피 매너 있고 품위 있는 모습이 아니다. 격렬하고 원기 왕성하며 폭력적으로 느껴질 정도의 아주 적극적인 태도를 의미한다.

믿음이 없는 사람들이 기독교에 대해서 이렇게 말하는 것을 들은 적이 있다.

"너무 시끄럽고 나대는 것이 싫다. 차라리 조용한 성당이 더 낫다."

심지어 적극적인 태도가 폭력적으로 느껴진다고 표현하는 사람도 있었다. 그런데 어쩌면 그들이 제대로 본 것이라는 생각이 든다. 사실 예수님이 말씀하신 '침노'가 그렇게 보일 수 있기 때문이다.

우리나라는 양반, 체면, 유교 문화가 뿌리 깊어서 타인에게 비치는 겉모습을 꽤나 의식한다. 이는 종교에도 그대로 이어져 품위 있게 믿고 싶어 하는 것 같다. 그것은 그야말로 '종교'다. 생명이 없는 죽은 종교. 예수님도 허례허식에 찌든 바리새인을 향해 '회칠한 무덤'이라고 하시지 않았는가.

예수를 믿는다는 것, 진정한 그리스도인으로 산다는 것은 이런 태도와는 거리가 멀다. 창피함을 무릅쓰고라도 침노하며 나아가야 한다. 이런 자세로 예수님 앞에 나와 은혜를 맛본 인물을 소개하겠다.

침노한 성경 속의 인물들

맹인 거지 바디매오가 길가에 앉았다가 나사렛 예수시란 말을 듣고 소리 질러 이르되 다윗의 자손 예수여 나를 불쌍히 여기소서 하거늘 많은 사람이 꾸짖어 잠잠하라 하되 그가 더욱 크게 소리 질러 이르되 다윗의 자손이여 나를 불쌍히 여기소서 하는지라 예수께서 머물러 서서 그를 부르라 하시니 그들이 그 맹인을 부르며 이르되 안심하고 일어나라 그가 너를 부르신다 하매 맹인이 겉옷을 내버리고 뛰어 일어나 예수께 나아오거늘 예수께서 말씀하여 이르시되 네게 무엇을 하여 주기를 원하느냐 맹인이 이르되 선생님이여 보기를 원하나이다 예수께서 이르시되 가라 네 믿음이 너를 구원하였느니라 하시니 그가 곧 보게 되어 예수를 길에서 따르니라

막 10:46-52

내가 몹시 좋아하는 성경 이야기다. 맹인 거지 바디매오의 이야기. 그는 맹인이었다. 그 시대에 맹인을 위한 복지가 있었겠는가. 눈먼 자는 저주받았다고 생각하는 것이 당시 사람들의 의식이었다. 저주받은 최하층 인생이 무엇을 할 수 있었을까. 빌어먹고 사는 거지로 살 수밖에 없었으리라.

그런데 그는 예수님의 소문을 들었다. 그리고 그분을 향한 믿음이 있었던 것 같다. 예수님을 '다윗의 자손'이라고 부르는 것은 '메시아'로 인정한다는 의미이다. 예수님 만나 뵙기를 얼마나 소원했을까. 하지만 소경이니 그분을 찾아갈 방법이 없었을 것이다.

그러던 어느 날, 기적처럼 예수님이 그가 구걸하러 나와있던 여리고를 지나가셨다. 성경의 기록들을 보면 예수님이 가시는 곳마다 엄청난 인파가 따라다녔음을 알 수 있는데, 이날도 마찬가지였다. 그는 앞이 보이지 않았지만, 짐작이 가는 곳을 향해 있는 힘껏 외쳤다.

"다윗의 자손 예수여!"

난 이 구절을 읽을 때마다 눈물이 난다. 외치는 모습이 얼마나 안타깝고 처절했을지 상상이 되어서…. 하지만 사람들은 그를 꾸짖어 잠잠하라고 명했다. 그의 처절한 부르짖음이 짓밟힌 것이다. 그러나 바디매오는 포기하지 않았다.

"더욱 크게 소리 질러 이르되." 그를 짓누르는 소리보다 더욱 크게 외쳤다. 그리고 그의 부르짖음은, 그의 침노함은 예수께 닿았다. 사람들이 그를 예수님에게 인도해주었다.

"네게 무엇을 하여 주기를 원하느냐?"

예수님이 물으셨다. 그 음성을 듣는 그의 심장이 얼마나 뛰었을까.

"보기를 원하나이다."

떨리는 그의 목소리에 예수님이 응답하신다.

"가라. 네 믿음이 너를 구원하였느니라."

예수님이 그의 믿음, 간구, 침노를 칭찬하셨다. 드디어 눈을 뜬 그는 육안만이 아닌 영안도 함께 열렸으리라. 하나님의 아들 예수 그리스도의 치유가 자신의 눈에 임했다니! 생전 처음 육안으로 바라본 분이 예수님이라니! 아기가 태어나 처음으로 부모와 눈을 마주치듯 그는 거듭 태어나 처음으로 예수님을 바라본 행운아가 아닐까 싶다.

그런데 만약 바디매오가 사람들이 "잠잠하라"고 꾸짖었을 때 포기했다면 이 멋진 장면은 존재하지 않았을 것이다. 진정 예수님이 하신 말씀처럼 그의 믿음이 이 이야기를 존재케 했다.

우리의 삶에도 '잠잠하라'고 꾸짖는 것들이 많다. "적당히 믿어라, 너무 빠지지는 말아라, 무리하지 말아라", 세상 사람들이, 아니 심지어 교회에 다니는 가족들조차도 제동을 걸 때가 있다. 그러니 사단은 오죽하겠는가. 여러 상황 속에서 우리에게 계속 속삭인다. 침노하지 못하도록.

하지만 당신이 진정 성경을 알고, 성경을 따르고자 한다면 침노하지 않을 수 없다. 신약뿐 아니라 구약부터 성경 전체는 곧 '침노하는 자'들의 이야기다. 하나님을, 하나님의 나라를, 하나님의 뜻을 침노하라고 도전하는 책이다.

이번에는 귀신들린 딸을 둔 가나안 여자의 이야기를 보자. 침노함으로 자신의 딸을 고친 믿음의 이야기다.

가나안 여자 하나가 그 지경에서 나와서 소리 질러 이르되 주 다윗의 자손이여 나를 불쌍히 여기소서 내 딸이 흉악하게 귀신들렸나이다 하되 예수는 한 말씀도 대답하지 아니하시니 제자들이 와서 청하여 말하되 그 여자가 우리 뒤에서 소리를 지르오니 그를 보내소서 예수께서 대답하여 이르시되 나는 이스라엘 집의 잃어버린 양 외에는 다른 데로 보내심을 받지 아니하였노라 하시니 여자가 와서 예수께 절하며 이르되 주여 저를 도우소서 대답하여 이르시되 자녀의 떡을 취하여 개들에게 던짐이 마땅하지 아니하니라 여자가 이르되 주여 옳소이다마는 개들도 제 주인의 상에서 떨어지는 부스러기를 먹나이다 하니 이에 예수께서 대답하여 이르시되 여자여 네 믿음이 크도다 네 소원대로 되리라 하시니 그때로부터 그의 딸이 나으니라 마 15:22-28

그녀는 가나안 족속, 이방 여인이었다. 가나안은 우상숭배로 충만한 민족이었다. 거룩한 하나님의 백성으로 선택받았다는 선민의식(選民意識)이 강한 이스라엘 문화에서 이방 여자, 그것도 가나안 출신의 여자는 반가운 사람이 아니었다. 이 사정을 그 여인도 잘 알았을 것이다.

여인의 동족들이 그녀를 자신들의 신을 버리고 이스라엘의 메시아를 찾아간 배도자로 여길 수도 있었다. 하지만 여인은 그와 같은 콤플렉스를 안고서라도 귀신들린 딸을 고치기 위해 간절함으로 나왔다. 이에 예수님의 반응은 어떠셨는가.

"자녀의 떡을 취하여 개들에게 던짐이 마땅하지 아니하니라."

예수님이 어찌 이렇게 말씀하셨을까…. 성경을 읽는 내가 더 민망하여 가슴을 쓸어내린다. 예수님은 인격적으로, 자비한 메시아의 모습으로 반응하지 않으셨다. 그 여인이 좌절할 수밖에 없도록 뛰어넘어야 할 장애물을 그대로 두셨다.

그렇다면 이토록 무자비하게 느껴지는 예수님 앞에서 그대로 돌아서야 하는가. 삐쳐서 '무슨 메시아가 그래?', '내 이럴 줄 알았어. 안 그래도 콤플렉스인데 그걸 들쑤셔?'라며 신랄하게 비판하고 돌아설 것인가. 하지만 여인은 말한다.

"주여, 옳소이다마는 개들도 제 주인의 상에서 떨어지는 부스러기를 먹나이다."

그녀는 자신을 '개'라고 표현한 예수님의 말씀을 그대로 인정했다. 그렇다. 가나안 족속은 우상숭배로 찌든 민족이었다. 하나님을 격노케 하고 그 땅을 바알숭배로 더럽혔다. 회개의 고백이기도 하다.

그녀는 포기하지 않고 주님의 은혜를 간구했다. 주인의 상에서 떨어지는 부스러기라도 먹기를 원한다고. 체면과 자존심 따위는 없었다. 그녀는 겸손하면서도 침노하는 훌륭한 고백을 한다. 이에 예수님은 그 여인을 칭찬하신다.

"여자여, 네 믿음이 크도다. 네 소원대로 되리라."

즉시 그녀의 딸이 나았다. 여인은 장애물을 넘어 침노함으로 예수님의 치유의 역사를 끌어올 수 있었다.

우리 삶에도 이 여인과 같은 경우는 없을까. 양육하다 보면 가끔 주님께 삐쳐서 기도도, 신앙생활도 접어버리는 이들이 있다. 정말이지 너무 안타까운 일이다. 각자의 사정이 있겠지만 이 가나안 여인의 교훈을 배운다면 극복할 수 있지 않을까 하는 생각이 든다.

나도 하나님께 실망하고 삐쳤던 적이 있다. 연약한 인간이다 보니 하나님을 내가 생각하는 '신의 이미지'로 그려두고 그에 빗나가면 삐쳐버리는 것이다. 참 미숙하고 부끄러운 과거의 내 모습이다.

연기자에 대한 강렬한 소원을 갖고 있던 나는 일이 뜻대로 풀리지 않으면 마음이 실족하곤 했다. 신앙적 가치관을 지키면서도 성공하고 싶은 마음이 간절했다.

한번은 나름 믿음의 선택으로 영화 오디션을 포기했는데, 대신 광고 오디션을 본 것이 성사되기를 간절히 바랐다. 일종의 거래였다.

'저것을 포기하였으니 대신 이것을 주세요.'

그런데 최종 3인의 후보까지 올라갔다가 마지막에 떨어졌다. 어찌나 화가 나고 실망스러운지 불평을 가득 쏟아냈다. 남편은 그런 내 모습을 받아주지 못했다. 나는 폭주하는 열차처럼 화가 나서 집을 뛰쳐나왔다. 커피숍에 가서 차를 마시고, 친구를 만나 수다를 떨어보았으나 마음이 답답해 미칠 것 같았다.

남편에게 수차례 전화가 왔지만 받고 싶지 않았다. 어디를 가야 할지 몰라 헤매다가 늦은 밤에 문득 생각난 곳이 기도원이었다. 어머니는 아버지가 돌아가신 후에 신학을 하여 목사님이 되셨다. 어머니는 명절 때마다 음식을 잔뜩 해놓고는 아침 일찍 기도원으로 가셨다.

며칠을 기도원에서 부르짖고 내려오면 목소리는 쉬어도 얼굴은 환하게 빛났다. 나는 "명절 때 좀 쉬지, 왜 그렇게 기도원에 다녀요" 하며 불평했었다.

그런데 그날 밤 문득 엄마가 다니던 기도원에 가보고 싶었다. 지하철을 타고 버스를 타고 언덕을 올라 기도원에 다다랐다. 사실 기도하러 갔다기보다 남편과 다투고 나왔기에 자존심이 상해 피신처로 간 이유가 더 컸다. 처음엔 숙소로 들어가 그저 누워있었다. 그런데 마음 한구석이 찔려 견딜 수 없었다. 결국 예배당에 가서 앉았다.

'주님, 저 왔어요.'

한참을 대성통곡했다. 그간 마음속에 쌓여있던 섭섭함, 연기자로 성공하고 싶은 마음과 믿음과의 씨름 사이에서 오갔던 여러 어려움, 그 길을 풀어주시지 않는 것 같아 하나님이 야속하게 느껴졌던 마음들…. 한참을 울고 났더니 회개가 터져 나왔다. 그리고 주님께 매달리듯 간구했다.

'아버지, 날 향한 주님의 계획을 알게 해주세요. 더 이상 이 문제로 주님께 삐치고 실망하지 않게 해주세요. 오직 내 길을 주님 뜻대로 인도해주세요.'

내 속에 있는 모든 것을 토해내듯 주님께 매달리며 그날 밤 한참을 기도했다. 기도원에 와서 기도했다는 연락을 받은 남편은 다음 날 기쁘게 날 데리러 와주었다.

사실 남편도 오랜 시간 연기에 대한 미련으로 발버둥 치던 나 때문에 마음고생을 많이 했다. 그때마다 하나님 앞에 눈물로 간구기도 해준 고마운 동역자다. 남편의 기도가 있었기에 결국은 내가 주님의 뜻을 만나 사역자의 길로 올 수 있었던 것 같다.

우리 마음속에는 우상과 여러 상황, 육신의 연약함, 원수의 공격 등 기도로 나아가지 못하게 우리를 잡아매는 장애물들이 너무나도 많다. 하지만 이에 지지 말고, 예수님이 말씀하신 '침노함'으로 넘어서길 바란다.

바디매오의 외침과 가나안 여인의 간절함처럼 체면, 자존심, 기질, 성격 다 십자가에 못 박고 침노함으로 나아가는 우리가 되자. 한나의 '믿음의 간구기도'와 바디매오의 '침노의 간구기도'처럼 간절함이 당신의 마음을 두드리고, 당신을 간구기도의 자리로 인도하길 바란다.

- '믿음'의 간구기도 적고 기도하기

  ex. 문제가 터지면 휴대폰부터 잡기 바빴다. 사람에게 의지할 뿐 기도하지 않았다. 이제는 먼저 하나님 앞에 아뢰자.

- '인내'의 간구기도 적고 기도하기

  ex. 배우자 기도를 하다 관두었다. 오늘부터 다시 시작해야겠다. 사실은 배우자 기도를 통해 나를 먼저 돌아보게 하시는 것 같다. 일단 내가 믿음의 배우자로서 낙제점이다. 하나님이 내게 원하시는 뜻을 만나고 싶다. 믿음의 가정을 이룰 수 있도록 나부터 믿음의 사람으로 준비되자. 배우자를 만날 때까지 인내의 기도로 나아가자.

- '낙심하지 말아야 할' 간구기도 적고 기도하기

  ex. 가족구원을 위해 기도하다 낙심해서 포기했다. '주 예수를 믿으라 그리하면 너와 네 집이 구원을 받으리라'라고 하셨다! 주님을 신뢰하고 끝까지 기도하자. 다시 기도의 자리로 나아가자.

- '침노'의 간구기도 적고 기도하기

  ex. 상황과 생각과 감정들이 자꾸 기도하는 것을 포기하게 한다. 자아가 기도하지 못하게 주장한다. 힘든 상황을 탓하며 더 이상 주저앉지 말자. 침노함으로 간절히 주님을 붙들자. 나를 누르는 것보다 더 큰 침노함으로 주님 앞에 나아가자!

chapter **10**

주님과 교통하는

영의 기도

PRAYER

START

LESSONS

영으로 기도하기

하나님은 영이시니 예배하는 자가 영과 진리로 예배할지니라
God is spirit, and his worshipers must worship in spirit and
in truth(NIV) 요 4:24

　하나님은 영이시고, 동일하게 우리를 영적인 존재로 지으셨
다. 모든 피조물 중에 인간만이 하나님과 같은 영적 존재이기
에 주님과 교통이 된다.
　위의 요한복음 말씀을 NIV 성경으로 찾아보니 하나님
은 영(Spirit)이시니 예배자, 곧 기도자는 'must'(반드시), 'in
spirit'(영 안에서) 예배(기도)해야 한다고 했다. 그렇다면 영으
로 기도한다는 것은 무엇일까.
　우리는 영적인 존재로, 혼과 육이 함께 있다. 보통은 영적인
기도와 육적인 기도 두 가지로 나누어 표현하지만, 좀 더 이해
를 돕고자 영과 혼과 몸으로 나누었다.
　앞으로 언급하는 '혼적인 기도'와 '육적인 기도'는 영적이지
않은 기도를 말하는데, 편의상 혼과 몸(Soul and Body)으로

나눌 것이다. 데살로니가전서를 보면 '영과 혼과 몸'이라는 표현이 나온다.

> 평강의 하나님이 친히 너희를 온전히 거룩하게 하시고 또 너희의 온 영과 혼과 몸이 우리 주 예수 그리스도께서 강림하실 때에 흠 없게 보전되기를 원하노라 살전 5:23

그럼 먼저 혼(Soul)은 무엇인가? 지정의(知情意) 곧 우리의 마음과 생각을 '혼'이라고 한다. 다음으로 몸(Body)은 신체와 육적인 본능을 말하는데 식욕, 성욕을 포함한다.

영(Spirit)은 하나님께서 모든 피조물을 만드신 후 유일하게 사람에게만 숨을 불어넣으신 것에서 찾아볼 수 있다. 사람은 영이신 하나님의 형상이므로 그분과 소통할 수 있다. 따라서 아담이 범죄한 이후, 예수로 거듭나지 않은 사람들은 사실 영이 죽은 것과 다름없다.

예수 그리스도를 구주로 영접하기 이전의 사람들은 '영'이 죽은 채 '혼'과 '몸'으로만 살아간다. 그러다가 예수님을 영접할 때 비로소 성령으로 다시 태어나 '거듭'난다. 니고데모는 영으로 태어나는 것이 무엇인지 이해하지 못해 예수께 질문했다.

예수께서 대답하여 이르시되 진실로 진실로 네게 이르노니 사람이 거듭나지 아니하면 하나님의 나라를 볼 수 없느니라 니고데모가 이르되 사람이 늙으면 어떻게 날 수 있사옵나이까 두 번째 모태에 들어갔다가 날 수 있사옵나이까 예수께서 대답하시되 진실로 진실로 네게 이르노니 사람이 물과 성령으로 나지 아니하면 하나님의 나라에 들어갈 수 없느니라 육으로 난 것은 육이요 영으로 난 것은 영이니 요 3:3-6

성령으로 인해 우리의 영이 다시 태어났기에 영이신 하나님이 믿어지는 것이다. 그렇기 때문에 영이신 하나님과 교제할 수 있다.

앞서 말했던 찬송기도, 말씀기도도 모두 '영으로 기도'하도록 인도해준다. 그런데 '영의 기도'를 굳이 언급하는 이유는, 우리가 영의 존재이며 영이신 하나님과 교통하는 영의 기도를 해야 한다고 인식할 때 더욱더 그런 기도로 나아갈 수 있기 때문이다.

좀 더 이해를 돕기 위해 '영의 기도'가 아닌 '혼과 몸의 기도'에 대해 먼저 살펴보겠다.

혼의 기도

자신의 지성과 감정에 끌려 기도하는 것을 의미한다. 이런 기도를 하는 사람들은 자신의 이성과 지식의 틀 안에서 하나님을 제한한다. 논리와 합리적 사고 안에서만 주님을 대한다. 물론 이런 이성적 사고와 세상의 자연적인 이치도 모두 주님으로부터 나왔다. 하지만 하나님께서 늘 인간의 지식의 틀 안에서 제한 받으며 일하시지는 않는다.

아모리 사람과 전쟁할 때에 여호수아는 "태양아, 너는 기브온 위에 머무르라. 달아, 너도 아얄론 골짜기에서 그리할지어다"라고 명했다. 그러자 정말 태양이 중천에 머물러 종일토록 내려오지 않았다고 성경에 기록되어 있다. 이어서 성경은 이 사건을 두고 이렇게 말한다.

여호와께서 사람의 목소리를 들으신 이 같은 날은 전에도 없었고 후에도 없었나니 수 10:14

하나님께서 천체의 움직임을 멈추실 정도로 여호수아의 목소리를 들으셨다는 것이다. 이성이 강한 사람은 그저 비유적인 표현이거나 신화 같은 이야기라고 생각할 것이다. 하지만 이것은 분명 사실이다.

감정의 노예인 사람도 있다. 하나님이 주(主)가 아니라 감정이 주인이다. 이런 사람은 마음이 상하면 기도고 신앙이고 다 멈춘다. 진리가 아니라 느낌을 더 중시한다.

이런 사람에게는 사단도 일하기가 쉽다. 감정에 휩싸이도록 상황을 연출하거나 생각을 넣어주면 된다. 찬양의 감성에만 붙잡혀 주님을 만나려 하고, 말씀은 멀리하는 경우도 있다. 그들은 진리가 없으니 흔들리기 일쑤다.

또한 마음의 상처를 건드리면 함정에 쉽게 빠진다. 이내 마음이 틀어져 하나님으로부터 등을 돌리고 자기감정에만 빠진다. 열등감이나 자기연민에 자주 빠지고 혈기에 사로잡히는 이들도 마찬가지다.

이들은 하나님과의 관계를 온전히 맺기 어렵다. 자신의 마음과 생각의 소용돌이에 붙잡혀 기도해도 하나님 음성이 잘 안 들려서 답답하다. '영'으로 나아가지 않고 '혼'에 머물러 자신의 이성, 지식, 생각, 감정, 마음에 붙들려있으니 하나님과 교통이 되지 않는다.

이제 십자가 앞에 이 혼의 영역들을 내려놓고 성령의 인도하심을 구하자. 내 영이 주님을 바라볼 수 있도록 그분께 초점을 옮기자.

몸의 기도

건강이 우상인 사람들이 있다. 또는 건강염려증으로 늘 눌려있는 사람들도 있다. 우리의 몸을 잘 돌봐야 하지만 몸이 우상이 되어서는 안 된다. 이런 사람들은 신기하게 자주 아프다. 질병의 영이 자주 찾아오는 것 같다. 몸이 우상이 되어 항상 염려하니 질병이 더 자주 찾아온다.

그러면 아플 때마다 낙망하여 주님께로 나오기보다는 자신의 몸을 챙기느라 정신이 없다. 하나님 앞에 열심을 내는 일도 다 그만둬버린다. 그러니 기도를 할 수조차 없다.

음란에 사로잡힌 사람들도 있다. 기도해도 음란으로 자꾸 넘어져 하나님과의 관계가 막히고, 주님과 통하는 기도가 되지 않는다. 정욕에 끌려 제어하지 못하면 번번이 넘어져 영적인 기도생활을 할 수 없다.

나는 미디어 금식을 자주 한다. 아주 잠깐 들여다본 SNS나 짤막한 동영상이 나를 혼과 육의 정서로 삽시간에 끌어내리는 것을 느끼기 때문이다. 영의 기도생활을 하고 싶다면 이런 육신의 습관들을 그냥 지나쳐서는 안 된다. 반드시 관리하고 구별해야 한다.

육에 붙들린 사람은 육신이 원하는 것만 구하게 되어있다. 육신의 쾌락과 안락함을 추구하며, 기복신앙으로 흐르는 기도를 할 확률이 아주 높다. 이런 기도로는 영이신 하나님을 만날 수 없고, 하나님의 뜻도 당연히 알 수가 없다.

그러니 기도해도 답답하고, 점점 기도에 흥미를 잃는다. 물론 하나님께 우리의 물질적 필요를 구할 수 있다. 아예 그것 자체를 모두 육적인 기도라고 하는 것은 아니다.

하지만 오직 그것이 중심이고 관심사이며, 항상 육적인 필요에만 매달리는 것은 문제이다. 육의 기도는 하나님 앞에 하는 기도라고 할 수 없다.

무엇보다 죄의 욕구를 지닌 육신은 기본적으로 기도하기를 싫어한다. 기도를 밀어낸다. 'in spirit'이 아닌 'in body'에 있는 자는 영이신 주님께 관심이 없다. 영이신 그분과 통할 수 없다.

마치 아날로그 시스템으로 디지털 프로그램을 풀어내고자 하는 것과 같다. 하나님이 영이신데 혼과 몸으로 나아가서 어찌 주님과 소통할 수가 있을까.

육신을 따르는 자는 육신의 일을, 영을 따르는 자는 영의 일을 생각하나니 육신의 생각은 사망이요 영의 생각은 생명과 평안이니라 육신의 생각은 하나님과 원수가 되나니 이는 하나님의 법에 굴복하지 아니할 뿐 아니라 할 수도 없음이라 육신에 있는 자들은 하나님을 기쁘시게 할 수 없느니라 롬 8:5-8

바울은 로마서에서 명쾌하게 설명했다. 육신(영이 아닌 혼과 육)의 생각은 하나님과 원수라고. 이런 자들은 하나님의 법을 따라갈 수 없고, 주님의 뜻대로 살 수가 없다. 육신을 따르는 기도를 하면 하나님의 뜻과 상관없는 기도, 주님과 통하지 않는 기도를 할 수밖에 없다. 영을 따를 때에야 비로소 하나님의 뜻을 알 수가 있고, 주님과 만남이 일어난다.

내가 기도생활에 대해 지체들과 상담할 때, 많이 듣는 질문이 있다.

"하나님께서 제게 가장 좋은 것(best)을 주신다는 것은 알아요. 그런데 제게는 그렇게 느껴지지 않을까 봐 구하기가 겁나요."

이와 같은 딜레마에 빠지는 가장 큰 이유가 바로 영으로 기도하지 않기 때문이다. 아직도 혼과 육으로 기도하기 때문에 'best'가 'bad'로 여겨지는 것이다.

거룩한 것을 개에게 주지 말며 너희 진주를 돼지 앞에 던지지 말라 그들이 그것을 발로 밟고 돌이켜 너희를 찢어 상하게 할까 염려하라 마 7:6

하나님께서 우리에게 '진주'를 주셔도 돼지와 같이 육적이고 혼적인 필요를 위한 기도를 하고 있다면, 진주가 아니라 딱딱한 돌덩이처럼 느껴져 내어뱉고 발로 밟고 성내는 꼴이 된다. 예수님은 이어서 이렇게 말씀하셨다.

구하라 그리하면 너희에게 주실 것이요 찾으라 그리하면 찾아낼 것이요 문을 두드리라 그리하면 너희에게 열릴 것이니 구하는 이마다 받을 것이요 찾는 이는 찾아낼 것이요 두드리는 이에게는 열릴 것이니라 너희 중에 누가 아들이 떡을 달라 하는데 돌을 주며 생선을 달라 하는데 뱀을 줄 사람이 있겠느냐 너희가 악한 자라도 좋은 것으로 자식에게 줄 줄 알거든 하물며 하늘에 계신 너희 아버지께서 구하는 자에게 좋은 것으로 주시지 않겠느냐 마 7:7-11

'악한 자라도 자식에게 좋은 것을 줄 줄 알거든 하물며 하나님 아버지께서 구하는 자녀에게 좋은 것을 주시지 않겠느냐'는 예수님의 탄식어린 외침이다. 하나님 아버지께서는 우리에게 언제나 '최고의 것'을 주신다. 그런데 우리가 혼과 육으로 구하다 보니 그 값어치를 모른다.

이처럼 영으로 기도한다는 것은 곧 주님과 눈높이를 맞추는 것이다. 그러면 주님의 뜻을 그대로 볼 수 있는 눈이 열린다. 이런 영의 기도는 혼과 육으로 기도할 때와는 차원이 다르다.

> 이와 같이 성령도 우리의 연약함을 도우시나니 우리는 마땅히 기도할 바를 알지 못하나 오직 성령이 말할 수 없는 탄식으로 우리를 위하여 친히 간구하시느니라 마음을 살피시는 이가 성령의 생각을 아시나니 이는 성령이 하나님의 뜻대로 성도를 위하여 간구하심이니라 롬 8:26,27

영으로 기도할 수 있도록 돕는 분이 계신다. 바로 성령님이시다. 영으로 기도하는 것은 곧 성령을 따르는 것이다. 성령께서는 우리가 하나님 앞에 마땅히 구해야 할 것이 무엇인지 아신다. 또한 우리를 향한 아버지의 마음을 정확하게 아신다.

따라서 성령을 따라 영으로 기도할 때, 내가 간구해야 할 바를 깨닫게 되고, 또한 아버지께서 날 향해 갖고 계신 뜻을 깨닫게 된다. 그야말로 주님과 온전히 통(通)하는 기도가 된다.

당신의 기도를 한번 살펴보자. 혹시 혼과 육으로 기도하고 있지 않은가. 이제는 영으로 나아가자. 성령님의 도우심을 구하라. 당신의 마음의 시선을 성령께 향하고 영의 기도로 나아가라. 영으로 기도할 때 분명 주님의 뜻을 만날 것이다.

앞서 말한 '말씀기도'를 활용하는 것도 좋다. 말씀은 우리가 영의 눈을 열고 성령을 따라가도록 이끄신다. 더 이상 주님의 뜻과 상관없이 답답한 기도가 아닌, 주님과 통하는 골방기도를 누리게 되기를 바란다.

방언기도

성령께서 주시는 은사 곧 선물이라고도 하는 방언기도 역시 '영의 기도'이다.

방언을 말하는 자는 사람에게 하지 아니하고 하나님께 하나니 이는 알아듣는 자가 없고 영으로 비밀을 말함이라 고전 14:2

바울은 고린도전서 14장에 방언의 유익과 주의점에 대해 잘 기록해두었다. 방언은 다른 나라의 언어인 듯 들리지만 사실 정확히 말하면 '비밀의 언어'이다. 사람에게 하지 아니하고 하나님께 하는 기도, 알아듣는 자가 없어 '영으로 비밀을 말하는 기도'라고 설명한다.

심지어 사단이 들을 수 없는 언어라고도 한다. 사단은 우리의 생각과 감정을 다 읽을 수 있는데 방언은 알아들을 수 없다니 하나님과 나 사이에 덕이 되는 기도인 셈이다. 만약 내가 파견된 군인으로서 본부와 연락을 취하는데, 적이 들을 수 없는 비밀언어로 소통한다면 얼마나 훌륭한 전략이 되겠는가.

이와 마찬가지로 방언은 원수가 알 수 없는 하나님과 나 사이의 '비밀 소통'이다. 물론 방언 통역의 은사를 받지 않았다면 기도하는 당사자도 그 뜻을 알 수 없다. 하지만 성령께서 하나님과 내 영혼에 유익한 기도를 올리시고 그로 인해 응답받기에 놀라운 비밀의 기도이다.

다만 뜻을 모른 채 방언으로만 기도하면 우리의 마음에는 열매 맺지 못하기에 바울은 주의점도 함께 일러주었다.

내가 만일 방언으로 기도하면 나의 영이 기도하거니와 나의 마음은 열매를 맺지 못하리라 그러면 어떻게 할까 내가 영으로 기도하고 또 마음으로 기도하며 내가 영으로 찬송하고 또 마음으로 찬송하리라 그렇지 아니하면 네가 영으로 축복할 때에 알지 못하는 처지에 있는 자가 네가 무슨 말을 하는지 알지 못하고 네 감사에 어찌 아멘 하리요 너는 감사를 잘하였으나 그러나 다른 사람은 덕 세움을 받지 못하리라 고전 14:14-17

오직 방언에만 치우쳐서 하는 기도는 건강하지 않다는 뜻이다. 방언과 함께 내 마음의 의지를 담은 기도도 해야 한다.

또한 다른 사람에게 덕을 끼칠 수 있어야지, 으스대려고 하는 것은 더더욱 옳지 못하다.

그렇다면 '방언을 군이 해야 할까?' 하고 생각하는 사람도 있으리라. 방언을 받으려면 금식과 엄청난 수행을 해야 한다고 생각하는 이들이 있다. 그리고 방언에 대해 편견을 가진 사람들도 있다.

나도 방언에 대해 편견이 있었다. 우선 겉으로 보이는 모습이 시끄럽고 이상해 보였다. 심지어 강하게 기도하는 권사님들을 보면 무섭게 느껴질 때도 있었다.

예전에 암 투병중인 아버지를 위해 부흥집회에 참석한 적이 있다. 뜨거운 기도의 열기 속에서 갑자기 방언이 나오려고 하는데, 순간 겁이 나서 기도를 멈추고 입을 틀어막았다. 그만큼 두렵고 내키지 않았다. 하지만 방언에 대한 편견이 깨지는 계기가 있었다.

지금 사역하는 교회를 대학생 시절에 알게 되었다. 소그룹 모임에 처음 참석하던 날, 셀원들은 처음 오는 지체를 위해 정성으로 음식을 준비하고 축복송으로 맞이해주었다. 조금은 부끄러웠지만 그들의 환대에 마음이 녹았다. 이어지는 나눔과 기도 시간에는 더욱 큰 은혜를 누릴 수 있었다.

처음 참석한 날 위해 셀원들이 마음을 모아 기도한 다음, 리더 언니가 대표로 기도를 해주었다. 젊고 예쁘장한 자매가 조곤조곤 아름다운 목소리로 방언을 섞어 기도하는데, 기도를 받는 내 마음에 따스함이 밀려오면서 눈물이 흘렀다.

'방언기도가 이상한 것만은 아니구나.'

그날 이후 나는 교회에 출석하기 시작했고, 아버지의 죽음으로 방황하던 삶을 멈추고 다시 하나님 앞에 나아갔다. 그러던 어느 날, 무척 힘든 일이 생겼다.

연기과를 졸업하려면 반드시 몇 개의 공연을 해야 하는데, 몇 달간 연습했던 공연의 리허설과 캐스팅된 영화의 촬영일이 겹쳤다. 그래서 연출을 담당한 교수님을 찾아가 사정을 설명하고 리허설에 불참해도 되는지 물었다.

하지만 교수님은 무척 불쾌해하며 아예 공연에서 빠지든지, 학점이 필요하다면 단역으로 역할을 줄이고 최소의 학점을 받으라고 하셨다. 다른 학생들과 형평성을 맞춰야 하기에 어쩔 수 없음을 알았지만 내 마음은 무척 상했다.

게다가 집으로 돌아오는 길에 소낙비가 쏟아지는데 우산이 없어 비를 쫄딱 맞았다. 차마 상한 마음을 안고 집으로 돌아갈 수가 없어 교회로 발걸음을 돌렸다. 마침 같은 공연에 참여하는 친한 동생이 내 사정을 듣고는 함께 기도하자고 했다.

우린 기도실로 들어가 함께 기도했다. 하지만 교수님을 향한 분노와 내가 어찌할 수 없는 상황에 대한 원망으로 기도가 잘 되지 않았다. 하염없이 눈물을 흘리며 계속 하나님께 도와 달라고만 되뇌었다. 그 자매도 날 위해 눈물로 기도해주었다.

그러기를 몇 분이 흘렀을까. 갑자기 내 혀가 꼬이는 듯한 느낌이 들며 "라라라…" 하는 방언이 터져 나왔다. 그런데 이전처럼 거부하는 마음이 아니라 뜨거운 눈물이 흐르면서 성령께서 내게 충만히 임하시는 기분이 들었다.

그러면서 놀랍게도 교수님을 향한 미움이 사그라들더니 기꺼이 용서하고 싶은 마음이 올라왔다. 하나님의 사랑이 마음 가득 부어져 흘러넘치는 듯했다. '혼'의 기도가 '영'의 기도로 변화되는 순간이었다.

어느 권사님의 간증이다. 하루는 집에서 설거지를 하며 찬양을 흥얼거리는데, 좀 더 집중해서 방언으로 기도해야겠다는 생각이 들었다고 한다. 권사님은 고무장갑을 벗어두고 자리에 앉아 방언으로 몇 분 정도 뜨겁게 기도를 했다.

자신의 힘을 끌어내어 기도하기보다 성령께서 도우시는 힘으로 '되어지는 기도'의 느낌이었다고 한다. 그리고 몇 시간 후에 남편에게 전화가 왔다. 남편은 택시 운전사였는데, 사고가 나서 차가 완전히 망가졌지만 본인은 타박상에 그쳤다며 하나님께서 기적을 베푸셨다고 고백했다.

알고 보니 권사님이 방언으로 기도한 시간과 남편의 사고 시간이 같았다고 한다. 권사님은 남편의 사고를 미리 알 수 없었지만, 성령께서 늘 찬양을 흥얼거리며 하나님 안에 머무르던 그녀를 일깨워 남편을 위해 기도하게 하신 것이다.

방언은 분명 유익한 기도이다. 성령께서 우리가 마땅히 기도해야 할 바를 말할 수 없는 탄식으로 하나님께 올려드리는 기도이다.

또한 엄청난 금식이나 수행과 같은 우리의 노력을 통해 받을 수 있는 것이 아니다. 성령님의 선물이다. 성령을 따라 영의 기도를 하고자 하는 사모함이 있다면 성령께서 기꺼이 선물로 주실 것이다. 나 역시도 그렇게 받았다.

내 연약함으로 인해 주님의 뜻대로 기도할 수 없어, 성령을 따라 기도하도록 도우심을 구했더니 예상치 못하게 방언을 선물로 주셨다. 나는 방언을 통해 성령의 충만함을 입는 경험을 할 수 있었고, 성령을 따라 기도하는 것을 배울 수 있었다.

잘못된 오해로 방언에 대해 마음의 문을 닫아둔다면, 성령께서 선물로 주시고자 해도 받을 수가 없다. 방언의 유익을 알고 건강하게 사용할 수 있길, 바울의 고백처럼 '방언을 말하므로 하나님께 감사'할 수 있길 바란다.

내가 너희 모든 사람보다 방언을 더 말하므로 하나님께 감사하노라 고전 14:18

• '혼'으로(in Soul) 기도하던 것 적어보기

ex. 하나님, 저는 감정의 노예였습니다. 기분이 울적하면 기도하는 것을 쉽게 타협했어요. 이제는 아무리 기도할 기분이 아니더라도 거기에 지지 않고 기도의 자리로 나아갈게요.

그리고 감정이 주는 거짓말에 귀 기울이지 않고, "내 영혼아 네가 어찌하여 낙심하며 어찌하여 내 속에서 불안해하는가 너는 하나님께 소망을 두라 그가 나타나 도우심으로 말미암아 내가 여전히 찬송하리로다"(시 42:5)라고 하신 말씀처럼 주님께 소망을 두겠습니다.

ex. 저는 이성으로 모든 것을 판단했습니다. 하나님을 기대하기보다는 늘 이성적 판단과 합리적 사고가 우상이었어요. 천지를 지으시고 다스리시는 주님을 신뢰하겠습니다. 계산과 판단을 모두 내려놓고, 주님을 신뢰하고 기대하며 기도하겠습니다.

• '몸'으로(in Body) 기도하던 것 적어보기

ex. 음란의 소욕에 붙들려 살았습니다. 음란한 습관과 미디어를 끊겠습니다! 성령님, 예수의 보혈로 씻어주시고 죄와 싸울 수 있는 믿음과 힘을 주세요. 말씀이 깨달아지고 저를 주장하는 힘이 되게 해주세요.

ex. 돈 많이 벌게 해달라고, 성공하게 해달라고, 가족이 잘되고 잘
먹고 잘살게 해달라는 기도만 했습니다. 회개합니다. 이제 육적인
기도가 아니라 말씀과 성령을 따라 기도하기 원해요. 하나님께서
원하시고 기뻐하시는 기도하기 원해요.

• 성령님을 따라 '영'으로(in Spirit) 기도하기
ex. 주님을 찬양합니다. 성령님을 인정합니다. 내 영혼아, 주를 바
라라. 내 삶의 모든 영역에 주님이 주인 되시기 원합니다. 하나님의
나라와 뜻을 위해 기도하며, 제게 주신 이웃들을 사랑으로 중보하
기 원합니다.

chapter **11**

대신 드리는

중보기도

PRAYER

START

LESSONS

중보기도

교인들끼리 사용하는 언어 중, '중보기도'라는 말이 있다. 다른 사람을 위해 기도하는 것을 보통 "중보기도 한다"라고 말한다. 교회에 어느 정도 다녔다면 서로의 사정을 나누고 나서, "중보기도 부탁해", "너를 위해서 중보기도 할게"라는 말을 해보았을 것이다.

중(仲): 가운데 / 보(保): 지키다, 보증하다, 돕다

'중보'의 한자처럼 가운데서 지키고 보증하며 돕는 기도를 중보기도라 할 수 있겠다. 그러니까 'A와 B의 가운데' 곧 'A와 B의 사이'를 말하는데, 우리가 보통 얘기할 때는 하나님과 사람 사이를 가리킨다. 헬라어로는 "메시테스", 즉 '중개인', '화해자', '중재자'라는 의미를 갖고 있다.

하나님은 한 분이시요 또 하나님과 사람 사이에 중보자도 한 분이시니 곧 사람이신 그리스도 예수라 딤전 2:5

하나님과 사람 사이의 중보자가 그리스도 예수님이시라고 말씀하고 있는데, 나는 이 말씀을 '하나님과 사람 사이에서 보증을 서신 것'이라고 표현하고 싶다.

실제로 중보의 보(保)는 보증(保證)과 같은 한자이다. 채무자가 빚을 갚지 못할 경우 보증을 선 사람이 그를 대신해서 값을 지불하지 않는가. 예수님은 우리가 마땅히 받아야 할 형벌을 십자가에서 대신 치르심으로 우리의 보증자가 되셨다.

그 결과 우리의 벌이 탕감되고 '심판의 대상'에서 '은혜의 자녀'로 신분이 옮겨졌다. 보증을 서는 사람은 그만한 자격을 갖춰야 한다. 신용불량자는 보증을 서고 싶어도 할 수가 없다. 자격이 되지 않는다.

마찬가지로 우리는 아무리 성품이 좋아도 날 때부터 죄인이라 하나님의 거룩 앞에 누군가를 대신해서 죗값을 치러줄 수가 없다. 자격조건이 안 된다. 그래서 죄가 없으신 예수께서 우리의 보증자가 되어주셨다.

그렇다면 "당신을 위해 중보기도 할게요"라는 우리의 말은 성립이 될 수 없는 것이 아닐까. 디모데전서에서도 하나님과 사람 사이의 중보자는 한 분 즉, '그리스도 예수'시라고 언급한다. 그래서 어떤 이들은, 우린 '중보자'가 아니라 '도고자'라고 하는 것이 맞다고 주장한다.

도고기도

도(禱): 빌다 / 고(告): 알리다, 고하다

한자의 의미로 풀어보자면, '빌어 고하다'라고 할 수 있다. 헬라어로는 "엔튜시스", 즉 '회견하다', '협의하다', '간청하다'는 의미이다.

> 그러므로 내가 첫째로 권하노니 모든 사람을 위하여 간구와 기도와 도고와 감사를 하되 딤전 2:1

이 말씀으로 풀어보면, '도고기도 한다'는 것은 '사람이, 다른 사람을 위해 하나님께 간청하는 기도'라고 할 수 있다. 바울이 성도들을 위해 하나님 앞에 간청하며 기도했듯이 우리도 같은 공동체 안의 지체들을 위해, 속한 교회를 위해, 나아가 한국교회와 나라와 민족을 위해서 도고기도를 할 수 있다.

그렇다면 우리가 다른 사람을 위하여 기도한다고 할 때 '중보기도'가 아니라 '도고기도'라고 하는 게 맞을 것 같다는 생각도 든다.

결론부터 말하면, 우린 '도고기도자'뿐 아니라 '중보기도자'도 될 수 있다. 예수님이 죄인 된 우리를 대신해 값을 지불하심으로 우리도 그분과 동일한 하나님의 자녀가 되었다. 이는 우리가 '예수님의 이름으로' 기도할 때, 그 자리에 예수님이 서서 기도하시는 것과 같은 능력을 허락하셨다는 말이다.

그러므로 예수의 보혈로 씻긴 우리가 영으로 기도할 때, 곧 성령을 따라 기도할 때 예수님이 기도하시는 것과 같은 기도가 된다. 우리는 하나님과 사람 사이에서 기도하는 '중보자'의 역할을 감당할 수 있게 되었다.

> 마음을 살피시는 이가 성령의 생각을 아시나니 이는 성령이 하나님의 뜻대로 성도를 위하여 간구하심이니라 롬 8:27

하나님의 뜻을 정확하게 알고 계신 성령께서 우리의 영과 더불어 그분의 뜻을 따라 기도하신다. 따라서 성령의 충만함을 입은 사람의 기도에 의해서 '중보기도'가 이루어진다. 한마디로 중보기도는, '예수님의 마음과 같은 기도'라고 할 수 있다.

다만 우리가 항상 예수님과 같은, 오직 성령의 뜻과 똑같은 중보기도를 할 수 있는 것은 아니다. 그럼에도 우리가 알고 있는 지식 안에서, 내 의지와 선한 마음을 들여서 다른 지체들을 위해 기도할 수 있다.

기도시작반 수업을 듣고 다른 사람을 위한 도고와 중보기도를 훈련하던 한 자매가 있었다. 어느 날 한 친구가 회사 업무와 사람들과의 관계가 힘들어서 이직을 생각하고 있다고 고민을 털어놓았다. 자매는 그 친구를 위해 기도했다. 도고기도를 한 것이다.

'하나님, 제 친구가 많이 힘들어해요. 친구를 도와주세요. 이직할 수 있도록 새로운 직장을 인도해주세요. 그래서 속히 어려움에서 벗어날 수 있게 해주세요.'

친구를 위해 열심을 내어 간절한 마음으로 기도했다. 그녀는 성령의 인도하심을 받으며 영의 기도를 하려고 마음의 시선을 성령께로 향하고 방언으로도 기도했다. 그렇게 친구를 위해 전심으로 기도할 때, 마음 한 구석에 주님의 음성이 들려오는 듯했다.

'이직해도 또 힘들어할 것이다. 그는 힘든 고비를 만날 때 도망치려는 습관이 있다. 이것은 회사뿐만 아니라 나와의 관계, 여러 사람들과의 관계에서도 동일하단다. 이직하는 것보다는 그가 이 문제를 인식하고 믿음으로 극복할 수 있도록 기도해주렴.'

이런 생각이 떠오르자 그녀는 분명 자신의 생각이 아니라 하나님께서 깨닫게 해주신 것임을 알았다고 한다. 왜냐하면 자매는 친구의 얘기를 듣고 직장의 문제라고 여겨서 이직을 위해서만 기도를 했기 때문이다. 하지만 성령을 따라 기도하려 힘쓰자 미처 생각지 못했던 새로운 길이 보였다. 그때부터 친구를 위한 기도 제목이 바뀌었다.

친구가 갈등 앞에서 도망치려는 잘못된 습관을 바꿀 수 있도록, 하나님과의 관계에서도 고비를 넘어 더 가까이 나아갈 수 있도록 기도했다. 마치 예수님이 하나님과 그 친구 사이에서 하나님의 뜻대로 친구가 변화될 수 있도록 중보하시듯 말이다. 이 같은 경우를 '도고기도'에서 '중보기도'까지 아우른 기도라고 할 수 있다.

나도 비슷한 경험을 많이 했다. 한번은 이직을 고민하는 한 자매를 위해 기도했다. 그 자매는 일의 특성상 주일에도 해외 출장을 자주 가야 했다. 하지만 일에 대한 만족이 높았고, 열정도 있었다. 그래서 출장이 주일과 겹치지 않도록 기도를 해주어야 할지, 출장이 적은 부서로의 이동을 위해 기도해야 할지, 아니면 정말 이직을 고려해야 할지 고민이 되었다. 나는 그녀를 위해 마음을 다해 도고기도 했다.

'하나님, 자매가 출장 때문에 종종 주일을 지킬 수가 없습니다. 일의 특성상 어쩔 수 없으니 지나쳐도 되는 것일까요? 아니면 상황을 열어주세요. 부서 이동을 하든지, 출장이 주일과 겹치지 않도록 스케줄을 바꿔주세요.'

나는 자매가 주일을 지키지 못해서 번번이 예배가 끊어지면 일에 쫓겨 하나님과 멀어질까 염려가 되었다. 하지만 본인이 좋아하는 일이니 말리기도 어려웠다. 그저 내가 할 수 있는 것은 스케줄이 바뀌기를 기도하는 것뿐이었다.

그리고 자매가 하나님과 멀어지지 않도록, 더욱 하나님과 가까워지고 믿음의 사람으로 자라나도록 간절히 기도했다. 그녀를 향한 관심과 사랑으로 열심히 도고기도 한 것이다. 그때 이전에 자매가 자신의 회사 분위기에 대하여 농담처럼 한 말이 생각났다.

"저희 회사는 외모지상주의예요. 다들 패션에 엄청 신경을 많이 써요."

패션 계통이다 보니 당연할 수도 있지만, 그 말이 마음속에 맴돌았다. 불현듯 말씀이 떠올랐다.

이에 롯이 눈을 들어 요단 지역을 바라본즉 소알까지 온 땅에 물이 넉넉하니 여호와께서 소돔과 고모라를 멸하시기 전이었으므로 여호와의 동산 같고 애굽 땅과 같았더라 창 13:10

롯의 눈에 소돔과 고모라 땅이 "여호와의 동산 같고, 애굽 땅과 같아" 보였던 것처럼 자매의 회사가 그런 곳 같다는 생각이 들었다. 그리고 마음속에 주님이 말씀하시는 듯했다.

'이직을 결단하길 원한다. 그곳은 내 뜻대로 이끌기에 유익한 땅이 아니다. 그 아이의 마음속 우선순위를 살펴보길 바란다. 항상 내가 그 순위에서 밀리는구나. 나를 먼저 구할 때 내가 더욱 좋은 길을 보이리라.'

사실 내 인간적인 마음으로는 이직을 권할 자신이 없었다. 이직에 합당한 이유를 대기가 어려웠기 때문이다. 잘 다니고 있는 회사를 괜히 떠나게 하는 건 아닌지 염려도 되었다.

하지만 그녀를 위해 몇 달간 기도하면서 내 기도가 점점 달라졌다. 하나님이 주신 마음대로 자매가 우선순위를 하나님께 두기 위해 자신의 삶의 환경들을 결단할 수 있도록, 그 의지와 믿음을 가질 수 있도록 기도하기 시작했다.

자매를 향한 도고기도로 출발해 중보기도로까지 나아간 것이다. 나는 그녀에게 이직을 여러 차례 진지하게 권했고, 뜨거운 마음으로 기도해주었다. 결국 시간이 흘러 자매는 믿음의 결단을 하고 회사를 그만두었다. 그리고 지금은 하나님 안에서 새로운 비전을 깨닫고 감사함으로 준비하고 있다.

"너무 기대가 돼요. 사실 하나님께서 제게 몇 차례 힌트를 주셨는데 지나쳐버렸어요. 이제는 정말 기대함으로 기도하며 하나님이 주신 제 사명을 따라가고 싶어요."

이렇게 말하는 그녀의 눈에서 빛이 났다. 그리고 그녀는 하나님과의 관계가 무척 가까워졌으며 하나님이 1순위가 되었다.

도고기도는 훌륭하다. 나 자신만을 위한 기도에 머무르지 않고, 다른 지체들을 위해서 기도의 자리에 나아가기 때문이다. 더 나아가서는 우리의 가정, 직장, 교회, 나라와 민족을 위해서도 기도하게 된다. 얼마나 하나님께서 기뻐하시고 기다리시는 기도인지 모른다.

뿐만 아니라 성령의 충만함을 입은 중보기도로까지 나아갈 수 있다면 금상첨화일 것이다. 다른 영혼들과 가정과 직장과 교회와 나라와 민족을 위해서 기도할 때 성령을 따라 예수님과 같은 뜻으로 기도할 수 있다면 얼마나 좋겠는가!

자신뿐 아니라 다른 이들을 위해서 기도하는 자들은 하나님을 더 깊이 만나는 복을 누리게 될 것이다.

예수 그리스도의 심장으로 중보하기

내가 예수 그리스도의 심장으로 너희 무리를 얼마나 사모하는지 하나님이 내 증인이시니라 내가 기도하노라 너희 사랑을 지식과 모든 총명으로 점점 더 풍성하게 하사 너희로 지극히 선한 것을 분별하며 또 진실하여 허물 없이 그리스도의 날까지 이르고 예수 그리스도로 말미암아 의의 열매가 가득하여 하나님의 영광과 찬송이 되기를 원하노라 빌 1:8-11

"예수 그리스도의 심장으로", 정말 기막힌 표현이다. 예수의 보혈로 거듭난 우린 예수님의 심장을 갖게 되었다. 원래 죄 된 본성을 가진 우리로서는 누군가를 이토록 사모(사랑)할 수 없다. 우리의 자아는 지독하게 이기적이다. 나만 사랑하며, 나만 위한다.

하지만 예수로 인해 그리스도의 심장을 갖게 되면 그분의 심장을 따라 살 수 있다. 바울은 그리스도의 심장으로 양들을 위해 뜨겁게 기도했다.

그는 양들 역시도 자신과 같이 그리스도의 심장을 갖기를 기도했다. 우리도 바울처럼 그리스도의 심장으로 다른 영혼들을 향해 도고하며, 성령을 통해 예수님의 뜻대로 중보하게 되었다.

내가 처음 셀 리더를 맡았을 때, 그리스도의 심장으로 기도하는 것이 무엇인지 조금이나마 경험할 수 있었다. 우리 교회에서는 셀 리더를 '목자'라고 부르는데, 20대 초반의 대학생 5, 6명으로 구성된 셀의 목자가 되니 어찌나 설레고 좋았는지 모른다. 그래서 정말 열심히 기도했다.

하루는 교회에 나와서 조용히 기도하고 있는데 마음속에 주님의 음성이 들려왔다.

'딸아, 내가 재물과 명예를 주는 것은 그리 어려운 일이 아니다. 하지만 내가 아무에게나 함부로 주지 않는 것이 하나 있다. 바로 천하보다 귀한, 내 목숨 값으로 주고 얻은 내 자녀들이다. 영혼을 향한 사랑과 섬김이 있는 자에게, 두렵고 떨리는 마음으로 양을 치는 자에게 내가 영혼을 보낼 것이다. 네가 그런 목자가 되어주지 않겠니?'

눈물이 주르륵 흘렀다. 아무에게나 함부로 주지 않는 것이 바로 영혼이라니. 하나님의 자녀들이라니. 주님께서 가장 소중히 여기시는 것이 바로 우리들이라니…. 다윗의 고백처럼 인자가 무엇이기에 주께서 이토록 생각하시며 돌보실까. 새삼 주님의 사랑이 가슴 깊이 파고 들어왔다.

그날 나는 하나님이 가장 귀히 여기시는 보석들이 내 가슴에 내려와 박히는 듯한 느낌을 받았다. 마치 지성소로 나아가는 대제사장의 에봇에 박힌 보석들처럼.

'내게 정말 귀한 보석들을 맡기셨구나.'

나는 그들을 정말 소중히, 온 마음 다해 섬기겠다고 하나님 앞에 눈물로 고백했다. 이기적으로 나만을 위해서 살던 때와는 비교도 할 수 없는 새로운 마음이었다.

주님은 그분의 사랑을 알게 하시고, 나아가 다른 영혼들을 향한 눈을 갖게 하셨다. 그들을 맡아 섬기며 기도할 때 그리스도의 심장이 내게 왔다. 진정 'amazing grace'(놀라운 은혜)였다. 죄인이었던 나를 예수님의 마음 따라 살도록 이끄시는 하나님의 은혜가 놀랍고, 중보기도의 힘이 위대해 보였다.

자신만을 위한 기도가 아닌, 도고와 중보의 자리로 당신을 초대하고 싶다. 그리스도의 심장이 당신에게 올 것이다.

먼저 그의 나라를 구하라

나는 너희를 위하여 기도하기를 쉬는 죄를 여호와 앞에 결단코 범하지 아니하고 선하고 의로운 길을 너희에게 가르칠 것인즉

삼상 12:23

기도하기를 쉬는 죄. 내가 사역하면서 늘 마음속에 심어두고 기억하는 말씀이다. '기도하기를 쉬는 죄를 범치 말자'고 늘 다짐한다. 물론 100퍼센트 성공하지 못했지만, 나를 기도하는 자리로 이끌어준 고마운 말씀이다.

사무엘은 하나님 앞에 충성된 기도자였다. 항상 이스라엘 백성들을 위해 기도하는 자로, 그들의 도고자이자 중보자로 주님 앞에 충성을 다했다. 그래서 성경은 말하기를 그의 기도가 하나도 땅에 떨어지지 않았다고 한다.

사무엘이 자라매 여호와께서 그와 함께 계셔서 그의 말이 하나도

땅에 떨어지지 않게 하시니 삼상 3:19

그는 엄마 한나의 인내와 기도로 어린 시절부터 주님 앞에 드려져 자랐다. 나이 많은 엘리 제사장이 한 번도 들어보지 못한 하나님의 음성도 어릴 때부터 들었다. 그리고 평생 주님의 백성들을 위해 기도하기를 쉬는 죄를 범치 않았다. 그런 그와 하나님께서는 평생 함께하셨다.

그가 구하고 기도하는 모든 것을 응답하셨고, 그에게 하나님의 뜻을 보이셨다. 그는 자신을 위해 기도하는 자가 아니었다. 늘 우선순위가 '그의 나라와 그의 의'였다. 하나님의 뜻이 그분의 백성들에게 이루어지도록, 하나님의 백성들이 그분의 길로 가도록 기도를 쉬지 않았다.

그렇기에 하나님께서는 그에게 모든 것을 응답하시며, 그를 백성들 위에 세우셨다. 그는 예수님 말씀처럼 '먼저 그의 나라와 의를 구할 때 모든 것을 더하시는' 하나님의 뜻을 그대로 살아낸 자였다.

그런즉 너희는 먼저 그의 나라와 그의 의를 구하라 그리하면 이 모든 것을 너희에게 더하시리라 마 6:33

나도 이런 경험을 여러 번 했다. 하나님의 뜻을 먼저 구할 때, 내게 맡기신 영혼들을 위해 먼저 기도할 때 내 삶을 내 생각보다 더 살뜰히 챙겨주시는 하나님을 경험했다.

결혼 날짜를 잡기 전이었다. 지하만 본당으로 쓰던 교회가 2,3층까지 확장하기로 하면서 건축헌금을 작정하던 시기였다. 나는 불안정한 프리랜서 연기자의 삶을 살았기에 모아둔 재정이 거의 없었다. 하지만 광고 촬영으로 받을 약간의 재정이 있어서 모두 헌금하기로 작정했다. 남편도 제법 큰 금액을 작정했다.

그 이후, 남편이 주님으로부터 결혼에 대한 확신과 응답을 받으며 갑자기 결혼 준비를 하게 되었다. 문제는 결혼 자금이었다. 그나마 있던 재정을 모두 헌금하기로 작정했던 터라 계획대로 드리면 결혼 준비를 할 수 없었다.

우리는 결혼 자금을 우선 쓰고 다음에 헌금을 할지, 계획했던 대로 먼저 건축헌금을 드려야 할지 잠시 고민했다. 그리고 기도했다. 가정을 먼저 세우고, 그다음에 하나님의 교회를 세울 수는 없었다. 먼저 그의 나라와 의를 구하자는 데 둘의 마음이 모아져서 건축헌금을 먼저 드렸다.

그런데 신기하게도 결혼 준비는 큰 어려움 없이 할 수 있었다. 양문형 냉장고를 포기하고, 비싼 가구들 대신 가성비 좋은 가구를 선택하면 되었다. 치과의사인 외삼촌이 제법 큰돈을 가전제품 사는 데 보태라며 미리 보내주신 것이 큰 도움이 되었다. 하나님께서 삼촌의 마음을 여신 거라고 난 믿는다.

또 교회 지체들이 결혼식을 힘껏 도와주었다. 우리는 교회 본당에서 결혼식을 하는 1호 커플이었다. 목사님께서 우리의 결혼식을 위해 천장에 설치하는 카메라로 바꿔주셨고, 한 형제는 나무를 깎아서 버진로드(신랑신부가 행진하는 길)를 꾸밀 기둥을 세워주었고, 자매들은 시장에 가서 장을 봐 결혼식장을 아름답게 꾸며주었다.

사실 난 결혼식 전에 버스를 타고 가다가 교통사고가 나서 3주간 병원에 입원해있었다. 결과적으로 결혼 준비로 스트레스를 받지 않고 병원에서 진료를 받으며 푹 쉴 수 있었다. 내가 병실에서 할 수 있는 거라곤 말씀을 보고 기도하는 것이 전부였다.

적은 금액이지만 합의금으로 받은 돈도 결혼 준비에 보탤 수 있었다. 내겐 정말 은혜가 넘치는 선물과도 같은 결혼식이었다. 그 어떤 화려한 호텔에서 하는 것보다 더 아름다운, 사랑하는 주님과 영적 가족들의 축복 속에서 함께한 감사한 예식이었다.

우리 가정의 시작을 '먼저 그의 나라와 의를 세움'으로 하게 해주신 것이 너무나도 감사하다. 오늘날 돈이 없어 결혼할 수 없다는 청년들에게 도전하고 싶다. 자기 집을 세우기 이전에 '하나님의 나라'를 꿈꾸며, 그를 위해 가정을 세운다면 하나님께서 당신의 가정을 책임지실 것이다.

'돈'이 준비되어야 결혼하는 것이 아니라, '먼저 그의 나라와 의를 구하는 가정'으로서 두 사람의 중심이 준비되어야 결혼하는 것이 맞다.

마태복음 6장 33절 말씀에서 보듯, 우리의 할 일은 "먼저 그의 나라와 의를 구하는 것"이다. "그리하면 이 모든 것을 너희에게 더하시리라"는 하반절 말씀은 하나님께서 생각하실 일이다. 하반절을 조건으로 여긴다면 이는 먼저 하나님의 뜻을 구하는 것이 아니다.

마음속에 내 것을 먼저 받고 싶은 우선순위가 있기 때문이다. 하나님께서는 우리의 중심을 정확하게 아신다. 따라서 우리 마음의 우선순위를 돌아보고 잘 관리해야 한다. '나' 중심이 아니라, '하나님'이 중심이 되도록.

세상은 내 것을 먼저 챙기라고, 자신에게 집중하라고 가르친다. 하지만 그것은 마귀와 죄 된 정욕이 가르치는 삶의 방법이다. 주님의 방법은 다르다. 그러니 기도에 있어서도 당연히 이런 자세를 배워야 한다. 그것이 바로 도고이고, 중보이다.

나는 하루 평균 1시간은 꼭 기도하는데, 그 중 절반 이상은 도고이자 중보기도이다. 어떤 날은 1시간을 모두 중보로 내어드릴 때도 많다. 미처 내 기도를 하지 못했어도 주님은 다 아시고, 내 삶을 돌보신다. 내가 염려하고 구하는 것보다 오히려 더 잘 돌봐주신다.

더구나 다른 영혼들을 위해 기도할 때, 공동체와 나라와 민족을 위해 기도할 때 하나님의 마음을 많이 느낀다. 예전에 나만을 위해 주님과 교제하던 때와는 깊이와 넓이가 사뭇 다르다.

어린아이에게 부모가 한없는 사랑을 쏟아 붓지만 그 아이와 삶을 공유하고 상의할 수는 없는 것과 같다고나 할까. 그러다가 아이가 점점 자라 성인이 되면 부모의 마음을 조금씩 헤아려준다. 결혼을 하고 부모가 되면 더더욱 그럴 것이다.

하나님과의 관계도 그렇다. 주님께서는 우리 모두를 너무나 사랑하시지만, 그저 사랑을 쏟아 부어야 하는 대상이 있는가 하면, 하나님나라의 일과 그분의 뜻을 놓고 함께 상의하고, 함께 울고, 함께 기뻐하는 동역자도 있다.

이처럼 아버지께서는 우리가 자라나길 원하신다. 생각해보라. 당신의 자녀가 성인이 되어도 여전히 아기처럼 사랑만 달라고 조르며 속사람이 자라나지 않는다면 근심이 되지 않겠는가.

당신이 예수의 보혈로 하나님의 자녀가 되었음에도 언제까지나 사랑받기만 원하고, 아이처럼 이기적이고 개인적인 시선에만 머물러있다면 하나님 아버지께서는 근심하실 것이다. 내가 속한 가정에서, 학교에서, 직장에서, 공동체에서 다른 영혼들을 돌아볼 줄 아는 성숙한 자녀로 자라나야 한다.

나아가 나라와 민족과 열방을 위해서도 눈물로 기도할 수 있다면, 비록 이 땅에 발을 딛고 살지만 하늘의 하나님과 함께 동역하는 영광스런 삶을 살 수 있다.

하나님의 비밀을 공유하는 중보자

여호와께서 이르시되 내가 하려는 것을 아브라함에게 숨기겠느냐
창 18:17

하나님께서는 소돔과 고모라 땅을 심판하러 가시기 전에 아브라함에게 그 계획을 알려주신다. 그러면서 위와 같이 "내가 하려는 것을 너에게 숨기겠느냐"라고 말씀하신다. 하나님의 비밀을 함께할 수 있다니 얼마나 영광스러운가.

이토록 그를 가까이하신 것은 그가 중보자였기 때문이다. 아브라함은 이 말씀을 듣고 소돔과 고모라 땅을 위해 중보한다. 하나님께 이렇게 말씀드린다.

아브라함이 가까이 나아가 이르되 주께서 의인을 악인과 함께 멸

하려 하시나이까 그 성 중에 의인 오십 명이 있을지라도 주께서 그
곳을 멸하시고 그 오십 의인을 위하여 용서하지 아니하시리이까…
오십 의인 중에 오 명이 부족하다면… 내 주여 노하지 마시옵고 말
씀하게 하옵소서 거기서 삼십 명을 찾으시면… 거기서 이십 명을
찾으시면… 내가 이번만 더 아뢰리이다 거기서 십 명을 찾으시면
어찌하려 하시나이까 이르시되 내가 십 명으로 말미암아 멸하지
아니하리라 창 18:23-32

아브라함은 무려 다섯 번이나 번복하면서 하나님께 간청한
다. 단지 자신의 조카 롯을 위해 심판을 보류해주길 원했다면
애초에 롯과 그의 가족을 건져달라고 구했을 것이다. 하지만
그는 그 땅과 영혼들을 위해 하나님 앞에 간절히 구했다.

아마도 하나님께서는 심판하러 가시기 전에 이와 같은 기
도를 받고 싶으셨던 듯하다. 심판을 즐겨 하는 하나님이 아
니시기 때문이다. 공의의 하나님이시기에 죄가 가득한 곳에 심
판을 허락하시지만 용서하기를 더 기뻐하신다. 그는 하나님
의 이런 마음을 아는 듯, 중보자가 되어 하나님 앞에 간절히
기도했다.

그러나 하나님께서 아브라함을 생각하셔서 그의 조카 롯
은 구해주셨지만, 결국 그 땅에 의인 10명이 없어 멸망하고 만
다. 이 장면을 대할 때마다 정신이 번쩍 든다. 내가 속한 공동

체와 이 나라와 민족은 어떠할까. 하나님이 찾으시는 의인(기도자라고도 할 수 있겠다) 10명과 같은 존재가 있을까.

예전에 나라를 위한 기도집회에 참석한 적이 있다. 그곳에서 뜨겁게 기도하시는 한 권사님을 만났다. 평생 나라와 민족을 위해 특히 북한과 이스라엘을 위해 기도해오신 분이었다. 그 분은 예전에 북한의 김정일이 사망하기 전에 하나님께서 기도 가운데 먼저 알려주셨다고 했다.

또 하나님께서 직접 이스라엘에서 한 달간 기도자로 살기를 원하셔서 나이가 많음에도 순종했다고 하셨다. 그 분은 지금도 북한을 위해서 밤낮으로 부르짖는 중보를 하고 있다. 세상 사람들에게는 무명(無名)이지만 하나님의 비밀과 계획들을 공유하며 주님의 뜻이 이 땅 가운데 임하도록 밤낮으로 부르짖는 주님의 용사이다.

감사하게도 권사님처럼 하나님 앞에 엎드려 눈물로 기도하는 중보자들이 방방곡곡에 있음을 느낀다. 또한 믿음의 선조들이 우리에게 심어주신 기도도 많다. 그런데 다음세대로 이어지면서 그 기도들을, 그 의인들을 잃어버릴까 두렵고 떨리는 마음이 종종 올라온다.

그래서 조금이라도 그 기도자들을 깨워 도고와 중보의 자리로 이끌길 바라는 마음으로 이 책을 쓴다. 하나님께서 찾으시는 의인들이 다음세대에도 계속 이어지길 간절히 기도한다.

혹시 나라와 민족과 열방을 위해 기도하는 것이 갑작스럽고 부담스러운 사람이 있을지 모르겠다. 그렇다면 바로 옆에 있는 이웃에게 관심을 갖고 그를 위해 기도해도 좋다. 그렇게 차츰 도고와 중보의 대상을 늘리며 넓혀가라.

나 역시도 같은 셀의 친구들을 위해서, 같이 수업을 듣는 동기들과 선후배들을 위해서 먼저 기도하기 시작했다. 그렇게 세월이 흘러 교회에서 영혼들을 섬기게 되면서 기도 범위를 조금씩 더 넓혀갔다. 그리고 나라와 민족과 열방을 위해 기도하며 말로 다 할 수 없는 주님의 은혜와 깊이와 눈물을 배웠다.

과거에는 '통일'에 관심도 없던 내가 이제는 '북한' 얘기만 들어도 눈물이 맺힌다. 그 땅에서 고통받는 우리 동포들에게 복음을 전하고 함께 예배하는 그날을 위해 그리스도의 심장으로 기도한다.

당신도 기도의 골방을 지켜나간다면, 하나님께서 자연스레 기도의 지경을 넓혀 가시리라. 당신이 골방에서 주님과 동역하는 기도의 용사가 되어있는 모습을 상상하며, 마음 다해 응원한다.

내가 더 행복해지는 중보기도

나뿐 아니라 많은 기도자들이 나를 위해서 기도할 때보다 다른 이들을 위해서 기도할 때 더 행복해진다는 것에 공감한다. 이타적인 기도를 할 때 주님의 마음을 더 깊이 알게 되고, 주님의 사랑을 경험하기 때문이다.

원래 우리의 이기적인 자아로서는 이타적인 기도를 할 수 없는데, 그런 기도를 할 수 있다는 것은 곧 주님과 같은 마음으로 성장했음을 의미한다.

또한 남을 위해 기도할 때 성령을 따라 기도하게 된다. 성령님과 더불어 기도함으로써 주님에게서 흘러나오는 생수의 기쁨이 차고 넘친다. 세상이 주는 것과 견줄 수 없는 영혼의 기쁨 말이다.

기드온의 300용사처럼 우리 교회에는 화요일마다 모여서 중보하는 30명가량의 중보기도 용사들이 있다. 이른바 '화요중보기도팀'이다. 그들은 온 교회의 성도들과 70여 개의 셀, 목사님과 리더들, 여러 사역팀, 나아가 한국교회와 나라와 민족, 북한과 열방을 위해서 기도한다.

자신을 위한 기도가 아닌 중보기도로만 3시간 가까이 기도한다. 학교와 직장을 마치고, 가족의 저녁식사를 차려두고 기도하러 나오는 귀한 이들이다.

남편이 이 기도모임을 섬긴 지 10년 정도 되었다. 처음엔 평신도 사역자로서 학교 일을 마치고 기도모임을 이끌었다. 신학을 하기 전에 중보기도로 훈련할 수 있었던 것이 정말 감사하다고 그는 종종 고백한다.

나도 이 사역을 10년 넘게 함께해오고 있다. 우리는 비가 오나 눈이 오나, 더울 때도 추울 때도 언제나 모여서 함께 기도한다. 가끔은 중보기도 하는 지체들을 바라보노라면 신기하고 감사해서 눈물이 난다.

각자의 삶도 녹록지 않은데 매주 나와서 중보기도에 헌신하는 모습을 보면 대견하고 존경스러운 마음이 든다. 사실 이들이 이렇게 헌신할 수 있는 것은, 중보기도 할 때 자신이 살아나기 때문이다. 중보기도를 하고 나면 다들 얼굴에서 빛이 난다.

하루 일과를 마치고 와서 밤늦게까지 기도하기에 피곤할 법도 한데 오히려 기도하고 난 후 다들 얼굴에 윤기가 흐르고 생기가 돈다. 중보하는 자에게 하나님께서 부어주시는 특권인 것 같다.

이처럼 누군가를 위해서 중보하는 것은 자기를 위해서 기도하는 것보다 힘들 것이라고 생각하기 쉬운데, 막상 해보면 더 행복하다. 오히려 더 쉽다. 나는 실제로 기도의 골방에서 중보기도로 먼저 시작할 때가 많다.

내 마음이 복잡할수록 더욱 그렇게 한다. 염려와 정욕이 뒤섞인 기도를 하면 하늘문이 열리지 않고 근심하다 끝나버리는 경우가 많았기 때문이다. 하지만 이타적인 기도는 내 사심이 들어가지 않는다.

다른 이들을 위해 기도할 때, 아버지의 마음이 부어지고 이기적인 자아가 잠잠해지는 것을 느낀다. 무엇보다 영의 눈이 열린다. 주님과 통하는 기도를 하게 되고, 복잡했던 심경이 오히려 주님 앞에 잠잠해진다.

그러면 주님의 마음이 전해져 온다. 중보하는 영혼을 향한 아버지의 마음이 깨달아질 때, 비로소 주님을 바라보게 된다. 이것저것 달라며 주님 손만 바라보던 내 시선이 주님의 얼굴로 옮겨진다.

주님의 거룩하심, 그분의 사랑, 그분의 어떠하심에 시선이 머문다. 그리고 점점 더 주님과 친밀한 관계로 이어진다. 그러면 기도하는 것이 좋아진다. 자꾸만 기도하고 싶어지고, 기도하지 않고는 살 수가 없다.

예수님을 믿는다고 하면서도 기도하지 않는다면 사실 주님을 전혀 모르는 것이다. 과연 그가 정말 예수님을 믿고 있는 것일까? 그저 그분 손에서 떨어지는 무언가를 받기 위해서 스스로 기만하는 것은 아닐까.

기도의 자리로 나아갈수록 주님과의 관계가 열린다. 그렇게 중보기도의 자리까지 나아가면 하나님의 마음을 경험케 되고, 주님 자체를 알아가는 은혜와 영광을 누릴 수 있다.

공동체와 연합을 이루는 기도

혼자 골방에서 하는 기도는 무척 중요하다. 반드시 하나님과 자신만의 골방기도가 있어야 한다. 그런데 골방만 있고 공동체와 연합하는 기도가 없이 치우치면 건강하지 못하다. 하나님께서는 우리에게 공동체를 주셨다. 그리고 그 연합 안에서 함께 힘써 기도하기를 원하신다.

두세 사람이 내 이름으로 모인 곳에는 나도 그들 중에 있느니라
마 18:20

두세 사람이 모인 곳에 주님께서 함께하신다고 말씀하셨다. 앞서 말했던 화요 중보기도팀도 '함께'이기에 3시간 가까이 서로 의지하며 기도할 수 있다. 사실 혼자라면 집중력도 흐려지고, 힘이 약해질 것이다.

함께할 때 서로를 붙들어주며, 더욱 주님께로 향할 수 있도록 서로를 세워준다. 혼자서는 감당하기 어려운 씨름도 함께

하면 넉넉히 감당할 수 있다.

> 한 사람이면 패하겠거니와 두 사람이면 맞설 수 있나니 세 겹 줄은 쉽게 끊어지지 아니하느니라 전 4:12

함께 중보기도 하는 것이 얼마나 위로가 되며 힘이 되는지 경험할 때가 많다. 나는 셀 리더 16명을 관리하는 목자장을 맡아 섬기고 있는데, 이 목장을 통해 연합의 힘을 느낄 때가 참 많다.

각각의 목자들이 대여섯 명 남짓의 양들을 맡아 섬긴다. 셀 모임은 일주일에 한 번이지만, 목자들은 평일에도 그들을 위해서 기도하고 단톡방을 통해 말씀을 나누며 그들을 돌보고 섬기느라 애를 쓴다.

그렇게 각자의 자리에서 섬기다가 한 달에 한 번 목자들이 다 같이 만난다. 서로의 셀 이야기를 나누고, 섬김의 고충과 어려움을 토로하고, 목양에 대한 팁을 공유한다. 울며 웃으며 밤이 새도록 이야기를 나누고 뜨겁게 기도한다.

그때마다 온 마음을 다해 눈물로 뜨겁게 기도하는 목자들을 본다. 맡기신 양들을 더 잘 돌보고 섬기고자 기도하는 것이다. 때론 부족한 자신의 모습이 하나님 앞에 죄송해서 펑펑 우는 목자들도 있다.

그런 모습을 보면 나도 눈물이 흐른다. 그러고 나면 저마다 위로를 받고 새로운 힘을 얻는다. 그렇게 다시 각자의 셀로 돌아가서 발버둥 치며 최선을 다한다.

우리가 함께 모여 기도하는 그 시간이 없었다면 아마도 몇몇은 벌써 포기했을지도 모른다. 함께하는 기도가 있었기에 다시 일어나 양들을 돌보며 섬기는 자리로 나갈 수 있었다.

당신도 골방기도에 머물지 말고 기도모임에 참석할 것을 적극 권유하고 싶다. 만약 참석할 만한 기도모임이 없다면, 두세 사람과 함께 시작해도 좋다. 함께 기도할 때, 포기하고 싶어지는 순간 서로를 붙들어줄 수 있다.

서로를 통해 하나님의 음성을 들을 수 있다. 원수의 공격을 함께 물리치며 하나님의 뜻이 이루어지는 경험을 할 수 있다. 함께하는 기도는 능력이 있다.

- 중보 대상 써보기

중보 대상의 체크 리스트를 만들라. 날마다 중보하는 대상과 요일별 중보 대상을 구별해도 좋다.

ex. 날마다 중보 리스트 – 셀원(C양, L양…), 담임목사님, 남편, 시댁과 친정 가족들, 한국교회, 나라와 민족

요일별 중보 리스트 – 목자들 하루에 4명씩, 기도시작반 팀원들 하루에 4명씩, 열방의 선교사님과 교회들, 그 외에 중보하고 있는 지인들의 명단을 요일별로 나누어서 중보한다.

특별히 일정기간 기도하는 중보의 대상이 있다면 기록해도 좋다.

- 날마다 중보

_____

_____

- 요일별 중보

월 _____

화 _____

수 _____

목 _____

금 _____

토 _____

주일 _____

- **특별 중보**

_____

_____

- 기도모임에 참석하거나 기도모임 만들기

  단톡방을 활용해서 기도 제목 공유하기, 각자의 자리에서 중보하고 기도손 표시 올리기, 정해진 시간에 모여서 중보하기와 같은 규칙을 정해도 좋다. 함께 상의해서 규칙을 정한 다음 지켜나가자.

chapter 12

생명을 잇는

주님이 가르쳐주신 기도

PRAYER

START

LESSONS

기도의 지표

주기도문은 예수님이 가르쳐주신 기도이다. 전통적인 예배에서 '사도신경'과 더불어 늘 외우는 말씀이기도 하다. 나는 어렸을 때, 주일학교 친구와 누가 빨리 주기도문과 사도신경을 암송하는지 시합을 한 적도 있다. 그만큼 우리에게는 익숙하기도 하고, 습관적이기도 한 기도이다.

나는 기도시작반 지체들이 기도를 시작하도록 도우면서 '주기도문'이야말로 모범이 되는 기도이며, 기도의 표본임을 깨달았다. 주기도문에는 지금까지 이 책에 언급한 모든 방법이 거의 다 녹아있다.

당신의 기도를 이끄는 훌륭한 지표로서 주기도문을 다시 한번 살펴보자. 어떻게 기도해야 할지 모르는 사람이라도, 주기도문을 따라 한 절 한 절씩 기도하다 보면 어느새 훌륭한 기도자가 되어있을 것이다.

그러므로 너희는 이렇게 기도하라

하늘에 계신 우리 아버지여 (마 6:9)

이 책의 처음을 '기도의 시작은 주님의 이름을 부르는 것'이라고 했다. 예수님이 먼저 그렇게 가르쳐주셨다. "하늘에 계신 우리 아버지여" 하고 주님의 이름을 부르는 것으로 시작하라고.

하나님을 "아버지"라고 부를 수 있는 것은 엄청난 은혜이자 특권이다. 우리의 기도는 아버지께 하는 것이다. 그분은 나를 사랑하시고 나를 위해 기꺼이 아들을 내어주신 분이다. 옆집 아저씨나 선생님이 아니라 아버지다.

아무리 좋은 이웃도, 훌륭한 스승도 부모와 자식의 관계를 뛰어넘을 수는 없다. 우리가 하나님께 그런 존재이다. 그런데 어떤 지체들은 아버지와의 관계가 좋지 않아서, 혹은 아버지가 계시지 않아서 "하나님 아버지"라고 부르는 것이 어렵거나 감동이 없다고 토로한다.

육신의 아버지를 투영해서 하나님을 바라보니 전혀 감흥이 없다. 아니, 오히려 반감까지 갖는 경우도 보았다. 하지만 하늘에 계신 우리 아버지는 이 땅에 존재하는 그 어느 아버지와도 비교할 수 없을 만큼 사랑이 많으신, 아니 '사랑' 그 자체이신 분이다.

육신의 아버지에 대한 왜곡된 이미지로 인해서 하나님 아버지를 오해하고 있다면, 너무나 크나큰 손해이다. 그야말로 속이고 빼앗고 멸망시키는 사단에게 당하기 딱 좋은 미끼가 된다.

육신의 아버지는 연약하였다 해도, 부재하였다 해도 우린 하나님 아버지를 통해 진정한 아버지의 사랑이 무엇인지 깨달을 수 있다. 하나님은 오히려 그 상처까지도 치유하신다. 실제로 하나님 아버지로 인해 그 아픔과 상처를 극복해가는 지체들을 많이 지켜보았다.

나는 육신의 아버지가 돌아가셨을 때, 마치 하나님이 내게서 아버지를 빼앗아 가버린 것처럼 느껴졌다. 그래서 아버지가 돌아가신 후, 하나님에 대한 서운함과 불신으로 일부러 그분과 거리를 두었다. 그 방황의 시간은 참 아프고 외로웠다.

하지만 다시 주님께로 돌아와 신앙이 깊었던 '아버지의 하나님'이 아닌, '내 하나님', 진짜 '내 아버지 하나님'을 만나고 경험하면서 오해가 눈 녹듯 사라져버렸다. 지금은 정말 나에게 가장 소중한 분이 '하나님 아버지'이시다. 이제는 그분 없이는 살 수 없는 존재가 되었다.

육신의 아버지도 좋은 분이셨지만, 그와는 비교할 수 없을 만큼 신실하시며 언제나 나와 함께하시며 사랑이 충만한, 내 생명 되신 하나님 아버지이시다.

어떤 지체는 알코올중독에 가정폭력까지 휘둘렀던 아버지로 인해 하나님을 '아버지'라고 부르는 것이 어색하고, 전혀 은혜가 되지 않는다고 했다. 그러다 보니 하나님에 대한 오해가 자주 쌓였고, 그분과의 간극을 좁히는 것이 쉽지 않았다.

육신의 아버지를 투영해서 하나님을 바라보니 장벽이 두터웠다. 참으로 가슴 아프고 안타까운 일이었다. 하지만 그도 여러 해 동안 공동체 안에서 사랑과 예배, 말씀, 기도를 통해 하나님을 경험하게 되자 비로소 하나님 아버지의 사랑을 깨달을 수 있었다. 그 지체가 이렇게 고백했다.

"내 아버지도 자신의 아버지(그의 할아버지)에게 사랑을 받아보지 못했기에, 어떻게 우릴 사랑해야 되는지 모르셨던 것 같아요. 이제 내가 하나님 아버지의 사랑을 알고 나니 아버지가 가엾다는 생각이 들어요. 아버지도 하나님 아버지를 만나셨으면 좋겠어요. 그래서 그 상처를 치유 받고 자유케 되셨으면 좋겠어요."

그러고는 아버지의 구원을 위해 눈물로 기도했다. 참으로 하나님의 사랑은 놀랍다. 아버지께 분노하던 지체를 아버지를 위해 눈물로 기도하는 중보자로 변화시킬 만큼.

"하늘에 계신 우리 아버지여"라고 주님의 이름을 불러보자.

당신을 생명 다해 사랑하시는 그 아버지를 바라보자. 당신의 마음의 시선을 그분께로 옮겨보자. 그분이 어떠한 분이신지 생각하고 입술로 고백해보자. 아직 잘 모르겠다면 알기 원한다고, 주님을 맛보아 알기 원한다고 고백하라.

하나님 아버지께서 분명 당신에게 응답하시리라. 아버지의 사랑을 알고자 구하는 당신에게 분명 주님께서는 그분의 선하심과 깊은 사랑을 경험하도록 이끄실 것이다.

> 너희가 아들이므로 하나님이 그 아들의 영을 우리 마음 가운데 보내사 아빠 아버지라 부르게 하셨느니라 갈 4:6

ex. 하늘에 계신 아버지, 하나님께서 제 아버지가 되어주셔서 너무 감사합니다. 우주를 지으신 분이 제 아버지라니…. 크신 아버지를 바라봅니다. 그렇게 위대하신 아버지께서 독생자를 보내어 제 죄를 씻어주신 것도 감사합니다.

아버지의 사랑의 깊이와 넓이를 경험하고 싶습니다. 머리로만 아는 것이 아니라, 실제 삶에서 아버지를 경험하고 싶어요. 하나님 아버지가 어떠한 분이신지 더욱 깨닫고, 맛보아 알기 원해요. 내게서 시선을 들어 아버지를 바라봅니다.

이름이 거룩히 여김을 받으시오며(마 6:9)

하나님은 거룩하시다. 찬송받기에 합당하신 분이다. 그 거룩하신 하나님의 이름을 찬양해보라. '찬양기도'에서 얘기했던 것처럼 주님의 거룩하심을 찬양하라.

우린 하나님을 찬양하기 위해 지어진 존재이기에, 그 존재 이유대로 주님을 찬양할 때 비로소 우리의 영혼이 거룩하신 하나님을 바라보게 된다.

그리고 거룩하신 하나님을 바라볼 때, 우리 안에 주님을 향한 경외심이 일어난다. 이는 주님의 자녀답게 살고픈 거룩한 사모함으로 이어진다. 하나님의 이름이 나로 인해, 우리의 삶을 통해 거룩히 여김을 받으셔야 한다. 더 이상 내가 주인 되어 정욕의 노예로 살아서도, 그런 기도를 지속해서도 안 된다.

그런데 지금껏 해온 기도는 내 염려나 바라는 것, 감정과 상태 등 '내 기도 제목'이 대부분을 이루지 않았는가? 예수님이 가르쳐주신 기도를 통해 무엇을 우선순위 삼아야 하는지 생각해보자.

예수님은 주기도문에서 먼저 거룩하신 하나님께 우리의 시선이 향하도록 하시고, 그로 인해 그분의 자녀인 우리를 돌아보게 하신다. 이는 우리의 정체성에 대한 것이기도 하다. 내가 기도하는 하나님이 어떠한 분이신지, 그리고 나는 그분께 어떠한 존재인지.

하나님은 거룩하신 분이다. 악하고 연약하며 유한한 존재가 아니다. 그렇다면 나는 그분의 자녀이니 아버지를 닮아 거룩한 삶을 살아야 한다. 내 삶을 통해 아버지께서 거룩히 여김을 받으셔야 한다.

기도에 있어서 이것이 우선되면 우리의 기도는 많이 달라진다. 이전에 보지 못했던 새로운 시야가 열릴 것이다. '나'와 '내 사정'에만 꽂힌 기도는 하나님을 볼 수 없게 시야를 가린다. 그러니 육적이고 혼적인 영역 안에서만 맴돈다. 이성이나 감정에 매인 이기적인 기도만 되풀이할 수 있다.

시선을 옮겨 먼저 하나님을 바라볼 때, 주님과 통하는 기도가 열린다. 나 역시 아버지가 어떤 분이신지 깨달아가며, 아버지의 거룩함을 닮아가는 자녀로 나아갈 수 있었다.

ex. 주님의 이름을 찬양합니다. 아버지의 이름이 저로 인해 거룩히 여김을 받으시기 원해요. 제가 직장에서 아버지의 자녀로서 주님의 이름을 거룩하게 올려드리고 있는지 돌아봅니다. 사실 일에만 몰두해서 아버지를 미처 생각조차 못한 적이 더 많아요. 게다가 짜증을 쉽게 낸 것 같아요. 죄송해요, 아버지. 이제는 직장에서 주님을 생각할게요. 주님의 자녀답게 감사와 기쁨과 인내를 힘쓸게요. 항상 기뻐하고 범사에 감사하라고

하신 아버지 말씀을 생각하면서 일할게요. 그래서 제 삶으로
아버지의 이름을 거룩하게 올려드리는 자랑스러운 자녀가 되
고 싶어요.

나라가 임하시오며 뜻이 하늘에서 이루어진 것같이
땅에서도 이루어지이다(마 6:10)

9절에 이어 10절에 본격적으로 하나님의 나라와 뜻을 구하
는 기도가 등장한다. 우리는 예배자요, 왕 같은 제사장이다.
하나님께서 우리에게 예수님의 생명을 내어주시며 구원하신
것은 하나님의 자녀답게 살게 하기 위해서다.

그저 죽은 다음에 지옥이 아닌 천국으로 갈 수 있는 티켓을
얻은 것이 아니다. 하나님의 자녀답게, 예수님처럼 자라나 세
상에 주님을 증거하며 복음을 선포하는 것이 우리의 부르심
아닌가. 이스라엘 백성을 애굽에서 꺼내 약속의 땅 가나안으
로 들여보내심이 그저 젖과 꿀이 흐르는 땅을 주기 위함만이
아니었던 것처럼.

그 땅에서 거룩하게 구별된 하나님의 백성으로 살아내는 것
이 진정 하나님께서 원하시는 바였다. 마찬가지로 이것은 예
수의 생명을 가진 우리 모든 그리스도인의 거룩한 사명이다.
우리가 서 있는 곳에, 속한 곳에 하나님의 나라와 뜻이 임하도

록 구해야 한다.

　이것이 이 땅의 제사장으로서 살아가는 우리의 의무이자 특권이다. 우리가 속한 가정과 학교, 직장, 여러 공동체, 나아가서는 나라와 민족 가운데 하나님의 나라와 뜻이 임하도록 기도해야 한다. 하늘에서 주님께서 계획하신 뜻이 그대로 이 땅 가운데 이루어지도록 기도해야 한다.

　놀랍게도 우리가 구할 때 실제로 이 땅에 하나님의 역사가 일어난다. 하나님께서는 우리를 동역자로 불러주셨다. 하늘에서 뜻하신 일들을 우리의 기도로 이 땅 가운데 부어주신다.

　우리가 기도로 주님과 동역할 때, 주님의 뜻을 이 땅에 끌어올 수 있다. 주님의 나라와 뜻이 이 땅에 임하여서 복음이 땅 끝까지 전해지도록 우린 주님과 동역해야 한다.

　당신의 기도가 이렇게 바뀔 때 이전에 보이지 않던 새로운 시야가 열리며, 생각지 않던 새로운 소망이 일어날 것이다. 또한 이전에 느낄 수 없었던 애통함이 부어질 것이다.

　나는 소속사에 속해서 연기자 생활을 하는 동안 힘든 일을 많이 겪었다. 같은 회사에 속한 연기자들끼리도 늘 경쟁해야 했고, 눈에 보이지 않는 알력과 기싸움이 너무 피곤했다. 다른 연기자들이 질투와 경쟁의 대상으로만 보였다.

　회사는 나를 연기자로 성공시키기 위해 늘 평가하고 의심했다. 그러니 당연히 내 기도 제목은 주로 경쟁에서 이겨 오디션의 기회를 거머쥐고 먼저 성공하는 것이었다. 때론 지친 마음을 하나님께 위로받고 싶어 하소연과 자기연민에 빠진 기도들을 늘어놓기도 했다.

하지만 성령으로 거듭난 후 시선이 달라지고 기도가 바뀌자 전혀 다른 내용의 기도를 하기 시작했다. 질투와 경쟁의 대상이었던 다른 연기자들이 '영혼'으로 보였다. 그들을 향한 긍휼의 마음이 부어지고, 예수님을 모르는 자들에게 복음을 전하고 싶어졌다. 수고하는 매니저와 실장님을 위해 중보했고, 소속사에 그야말로 하나님의 나라가 임하고 그분의 뜻이 부어지길 기도했다.

한번은 소속사에서 고사를 지내겠다고 했다. 예수를 모르는 분이 경영자이다 보니 돼지머리에 절하면서 회사가 잘되길 빌어보겠다는 마음이었다. 회사를 위해서 기도하던 나는 애통한 마음이 들었다. 주님을 몰라 우상에게 절하고 빌다니. 회사를 위해 간절히 기도했다.

예수님의 보혈로 그곳을 덮으시고, 고사로 인해 악한 영이 틈타지 않기를 구했다. 고사를 지내는 날 내가 전도한 사무직원과 소속사 연기자 언니와 함께 일찍 사무실로 갔다. 셋이 함께 기도했다.

예수님을 몰라서 저들이 고사를 지내지만 주님께서 용서해주시기를, 그리고 보호해주시기를 간절히 기도했다. 이후 고사가 진행되는 동안 난 한쪽 구석에서 마음속으로 계속 기도했다. 그날 나는 고사에 참석하지도 않고, 고사 음식에 손도 대지 않아 실장님에게 쓴소리를 듣는 핍박(?)도 겪었다.

하지만 회사를 위해서 기도하던 나는 그렇게 행동하지 않을 수가 없었다. 만약 내가 이전처럼 나의 성공만을 위해서 기도하는 자였다면, 그날 사람들의 눈치를 봐가며 대충 고사에 참여했을지 모르겠다. 별로 신경 쓰지도 않았을 것이다.

하지만 회사에 하나님의 나라가 임하고 그분의 뜻이 임하길 구했던 중보자로서, 매니저들의 눈밖에 난다 해도 고사에 참여할 수가 없었다. 자신만을 위해서 기도하던 내가 하나님의 나라와 뜻을 구하는 자로 변화되니 어려움과 손해를 입더라도 하나님의 뜻을 먼저 생각할 수 있는 용기가 생겼다.

광고 촬영 현장에서도 그날 단 하루 만나는 스태프를 위해 기도하고, 그 시간과 장소에 하나님의 나라와 뜻이 임하길, 나로 인해 주님의 이름이 거룩히 여김을 받으시길 기도했다. 스태프에게 먼저 인사하고 친절히 대하며 말과 행동에 있어서 겸손하고 온유하게 처신하려고 애썼다.

그러다 보니 현장에서 스태프와 다른 연기자에게 복음을 전할 수 있는 기회도 몇 번 생겼다. 예전에는 내가 화면에 어떻게 나오는지에만 신경이 곤두섰고, 대기시간이 길어지면 불평하기 바빴다. 그런데 내 시선이 달라지고 기도가 달라지니, 삶이 바뀌고 더 행복해졌다. 주님께서 나로 인해 기뻐하시는 것이 느껴졌기 때문이다.

주님의 기쁨이 내 영혼에 흐를 때, 세상이 줄 수 없는 놀라운 기쁨이 넘친다. 우리 그리스도인들이 각자의 자리에서 자신이 속한 공동체에 하나님의 나라와 뜻이 임하길 기도한다면, 온 나라 구석구석에 주님의 역사들이 나타날 것이다.

또한 당신이 속한 공동체를 넘어 다른 공동체, 나라와 민족, 열방을 향해 시선이 더욱 열리고 확장되길 바란다. 이런 기도가 다시 오실 예수님을 예비하는, 주님의 뜻에 합한 기도일 것이다.

> ex. 하나님, 오늘 제가 일하는 이곳에, 만나는 사람들에게 하나님나라가 임하고 뜻이 부어지길 기도합니다. 제가 그것을 위해 무엇을 해야 할지 알기 원해요. 제 입장만을 생각하는 이기적이고 개인주의적인 마음을 내려놓고, 아버지의 나라와 뜻을 바라보게 해주세요. 주님과 동역하는 일꾼이 되고 싶어요.

오늘 우리에게 일용할 양식을 주시옵고(마 6:11)

혹시 당신의 기도는 11절로만 채워져 있지는 않은가? 과거에 나도 그랬다. 게다가 '오늘', '일용할' 양식이 아니라, '내일', '한 해', '10년 후'의 염려까지도 끌어와 구했다.

하지만 예수님은 분명히 말씀하신다. 오늘 일용할 양식을 구하라고. 오늘 하루 내 필요를 아시고 채우시는 주님이면 충분하다. 내 기도를 일어나지도 않은 미래의 일과 염려로 잔뜩 채운다면, 과연 하나님과 소통하는 기도가 될까.

오늘 하루를 공급하시고 돌보시는 하나님은 내 내일과 미래도 돌보신다. 물론 미래의 일을 기도하면 절대 안 된다는 뜻은 아니다. 우리의 비전과 장래에 일어날 일들에 대해서도 기도할 수 있다. 하지만 인간적인 계산과 욕심과 염려들로 구하는 것은 옳지 못하다는 뜻이다.

내 경우도 그랬고, 많은 지체들과 상담을 해보면 아직 일어나지도 않았고, 일어날 확률도 거의 없는 일에 생각이 꽂혀 근심하며 기도하는 경우가 많다. 이런 우리에게 예수님이 말씀하셨다.

그런즉 너희는 먼저 그의 나라와 그의 의를 구하라 그리하면 이 모든 것을 너희에게 더하시리라 그러므로 내일 일을 위하여 염려하지

말라 내일 일은 내일이 염려할 것이요 한 날의 괴로움은 그날로 족하니라 마 6:33,34

기가 막히게도 주님은 "먼저 그의 나라와 의를 구하라"라고 하시며 이어서 "내일 일은 내일이 염려할 것이니 염려치 말라"고 말씀하신다. 먼저 그의 나라와 의를 구하는 자에게 모든 것을 더하신다고 말이다. 이것은 주님의 약속이다.

우리는 주님의 약속을 믿고, 그대로 순종하면 된다. 이런저런 염려들을 늘어놓는 것은 사실 주님의 약속을 믿지 못하는 '불신'이지 않은가. 내 공급자가 주님이심을 믿자.

그리고 오늘 하루 허락하신 것들에 감사하며 충분하다고 고백하자. 부족하다고 여기는 것은 사실 우리의 욕심인 경우가 많다. 좀 더 안락하고, 좀 더 질 높은 삶을 살고자 하는 욕심 아닐까.

어떤 경우는 정말 사망의 골짜기를 지나는 것처럼 힘겨운 상황이 펼쳐지기도 한다. 하지만 고난은 결국 공급하시는 하나님을 경험케 하며, 우리는 오직 주님으로 인해 살아가는 존재임을 깨닫게 한다. 이는 야고보서에도 언급되어 있다.

너희가 얻지 못함은 구하지 아니하기 때문이요 구하여도 받지 못함은 정욕으로 쓰려고 잘못 구하기 때문이라 약 4:2,3

우리의 필요에 분명 응답하시는 주님이다. 그분을 신뢰하며 오늘의 필요를 구하자. 모든 염려를 당겨 끌어오고픈 유혹을 멀리하고, 그 생각과의 씨름에서 승리하자. 하루하루를 책임지시는 공급자요 반석 되신 주님을 믿음으로 힘써 붙들자.

너희 중에 누가 아들이 떡을 달라 하는데 돌을 주며 생선을 달라 하는데 뱀을 줄 사람이 있겠느냐 너희가 악한 자라도 좋은 것으로 자식에게 줄 줄 알거든 하물며 하늘에 계신 너희 아버지께서 구하는 자에게 좋은 것으로 주시지 않겠느냐 마 7:9-11

ex. 오늘 하루 내 삶에 필요한 것들을 구합니다. 이미 주님께서 다 알고 계심을 믿습니다. 주님이 바로 제 공급자시니까요. 그런데 자꾸 환경을 바라보며 '현실'이란 이름 앞에 염려와 욕심이 몰려와요. 이것들에 붙잡히고 함몰되지 않게 도와주세요. 오직 공급자이신 아버지를 신뢰하며 나아갑니다.
오늘의 시간, 물질, 관계, 감정과 생각까지도 모두 주님께 내어드립니다. 저를 다스려주세요. 그리고 허락하신 모든 것을 감사함으로 받습니다. 부족하지 않습니다. 충분해요. 그리고 이미 주님이 계시니 전 모든 것을 받은 자입니다.

우리가 우리에게 죄 지은 자를 사하여 준 것같이

우리 죄를 사하여 주시옵고(마 6:12)

"우리가 우리에게 죄 지은 자를 사하여 준 것같이." 이것이 전제 조건이다. 마태복음의 주기도문 본문에 이어지는 말씀에서 예수님은 우리가 우리에게 죄 지은 자를 용서해야 함을 한 번 더 강조하신다.

> 너희가 사람의 잘못을 용서하면 너희 하늘 아버지께서도 너희 잘못을 용서하시려니와 너희가 사람의 잘못을 용서하지 아니하면 너희 아버지께서도 너희 잘못을 용서하지 아니하시리라 마 6:14,15

다른 사람의 잘못을 용서치 않으면서, 자기 잘못은 하나님께 용서받기 원한다면 이 얼마나 모순인가. 같은 죄인끼리 지은 잘못과 거룩하신 하나님 앞에 지은 잘못을 비교한다면 누구의 죄가 더 큰가? 당연히 우리가 거룩하신 하나님 앞에 지은 죄일 것이다. 그런데 주님의 은혜를 입고 그분의 자녀 된 우리가 다른 이의 잘못을 용서하는 것에 인색하다면 진정 주님의 자녀라 할 수 있을까. 이와 같은 맥락에서 예수님께서 해 주신 이야기 하나를 소개하겠다.

그때에 베드로가 예수께 다가와서 말하였다. "주님, 내 형제가 나에게 자꾸 죄를 지으면, 내가 몇 번이나 용서하여 주어야 합니까? 일곱 번까지 하여야 합니까?" 예수께서 대답하셨다. "일곱 번만이 아니라, 일흔 번을 일곱 번이라도 하여야 한다. 그러므로 하늘나라는 마치 자기 종들과 셈을 가리려고 하는 어떤 왕과 같다. 왕이 셈을 가리기 시작하니, 만 달란트 빚진 종 하나가 왕 앞에 끌려왔다. 그런데 그는 빚을 갚을 돈이 없으므로, 주인은 그 종에게, 자신과 그 아내와 자녀들과 그밖에 그가 가진 것을 모두 팔아서 갚으라고 명령하였다. 그랬더니 종이 그 앞에 무릎을 꿇고, '참아주십시오. 다 갚겠습니다' 하고 애원하였다. 주인은 그 종을 가엾게 여겨서, 그를 놓아주고, 빚을 없애주었다. 그러나 그 종은 나가서, 자기에게 백 데나리온 빚진 동료 하나를 만나자, 붙들어서 멱살을 잡고 말하기를 '내게 빚진 것을 갚아라' 하였다. 그 동료는 엎드려 간청하였다. '참아주게. 내가 갚겠네.' 그러나 그는 들어주려 하지 않고, 가서 그 동료를 감옥에 집어넣고, 빚진 돈을 갚을 때까지 갇혀 있게 하였다. 다른 종들이 이 광경을 보고, 매우 딱하게 여겨서, 가서 주인에게 그 일을 다 일렀다. 그러자 주인이 그 종을 불러다 놓고 말하였다. '이 악한 종아, 네가 애원하기에, 나는 너에게 그 빚을 다 없애주었다. 내가 너를 불쌍히 여긴 것처럼, 너도 네 동료를 불쌍히 여겼어야 할 것이 아니냐?' 주인이 노하여, 그를 형무소 관리에게 넘겨주고, 빚진 것을 다 갚을 때까지 가두어 두게 하

였다. 너희가 각각 진심으로 자기 형제자매를 용서해주지 않으면,
나의 하늘 아버지께서도 너희에게 그와 같이 하실 것이다."

마 18:21-35, 새번역

우리를 돌아보게 하는 아주 적절한 예화이다. 우리가 하나
님께 받은 용서가 얼마나 큰가. 아무리 선을 행하려 해도 우
린 스스로의 노력으로 하나님의 은혜를 입을 수 있는 자들이
아니다. 그런데 이 엄청난 은혜를 입고서도 금방 잊어버린다.
반면 내게 잘못한 사람의 죄에 대해서는 깊게 묵상하고, 질기
게 놔주지 않는다.

이것은 은혜 입은 자로서 합당하지 않은 행동이다. 사실 우
리가 용서치 못할 죄는 이 세상에 없다. 어떤 죄도 모두 용서
하신 주님의 은혜를 입은 우리들이니 말이다.

네 마음을 다하고 목숨을 다하고 뜻을 다하고 힘을 다하여 주 너
의 하나님을 사랑하라 하신 것이요 둘째는 이것이니 네 이웃을 네
자신과 같이 사랑하라 하신 것이라 이보다 더 큰 계명이 없느니라

막 12:30,31

기도에 있어서도 '이웃 사랑'이 빠져서는 안 되겠다. 이웃을
여전히 판단하고 질투하며, 미워하는 채로 기도한다면 주님

과 통하는 기도를 할 수 없다.

내게 잘못한 이웃을 기꺼이 용서하는 것은 물론, 혹시 내가 잘못한 것이 있다면 용서를 구해야 한다. 나 역시도 이런 경험을 많이 했다. 살아가면서 이웃과 갈등이 없을 수 없지만 그 미움을 간직하는 것은 주님과의 관계에 담을 세울 뿐이다.

나는 항상 기도의 골방에 나아갈 때 이웃을 위해 기도하며, 갈등이 있거나 마음속에 걸리는 사람이 있는지 점검한다. 때론 쉽게 해결이 되지 않아 씨름하기도, 울며 주님의 도우심을 구하기도 한다.

그때마다 성령께서 신실하게 도우시는 것을 경험한다. 내 자아를 십자가에 못 박고, 주님의 자녀답게 살 수 있도록 힘써 도우신다. 그러면 막혔던 담이 무너지고 주님과 동행하는 기도로 나아가는 기쁨을 누릴 수 있다.

더 나아가서는 용서하는 것뿐 아니라 이웃을 사랑함으로 중보한다. 내게 주신 이웃, 곧 친구와 직장 동료, 교회 성도들을 위해 기도할 때 하나님의 마음이 부어진다. 그들을 향한 아버지의 사랑과 애통함마저도 느껴진다. 그렇게 기도하다 보면 어느새 아버지의 마음과 가까워진 내 마음을 볼 수 있다. 그렇게 주님과 가까워지고 주님과 동행하는 삶을 이루어 가면 좋겠다.

12절의 전제조건인 "우리가 우리에게 죄 지은 자를 사하여

준 것같이"에 해당하는 기도를 했다면, 그다음은 "우리 죄를 사하여 주시옵고"의 기도를 할 차례다. 이 부분은 앞서 '회개 기도'에서 이야기했던 내용들을 다시 떠올려보면 좋겠다.

우리가 일상에서 짓는 크고 작은 죄들을 그냥 넘어가지 말자. 하나님 앞에 회개하며 기도하자. 그리고 그 죄에서 돌이키자. 점점 거룩하신 하나님 아버지의 자녀답게 살아내는 당신으로 성장할 것이다.

ex. 아버지, 00 때문에 몹시 힘듭니다. 저와 다른 기질의 그와의 갈등으로 마음이 어렵습니다. 사실 그가 너무 미워요. 마주할 때마다 화가 나고, 정죄하는 생각에 사로잡힙니다. 그러나 이것은 분명히 주님께서 기뻐하시지 않는 마음이지요. 그의 잘못에 집중하는 제 시선을 회개합니다. 주님께 받은 큰 은혜를 바라볼 때 제 원망과 미움은 배은망덕합니다. 그 역시 저로 인해 힘들 것입니다. 제 완악함을 꺾어주시고, 그를 용서할 수 있는 겸손과 온유를 부어주세요. 성령님, 저를 도와주세요.

우리를 시험에 들게 하지 마시옵고

다만 악에서 구하시옵소서 (마 6:13)

"우리를 시험에 들게 하지 마시옵고"에서 "시험"이란 단어를 NIV 성경으로 찾아보면 "temptation"이라고 기록되어 있는데, 이는 헬라어로 "페이라스모스" 즉, '역경', '유혹'이라는 의미를 담고 있다.

우리가 신앙생활을 하면서 "나 시험들었어", "그 사람 시험들었대"라고 말할 때 함축된 의미 역시 죄의 유혹에 걸려 넘어졌거나 역경으로 인해 마음이 흔들리는 경우가 많다.

그런데 시험에 유독 자주 빠지는 사람이 있다. 마치 언제든 시험받을 준비가 되어있는 사람처럼 말이다. 내면의 상처가 많아 그 유약함으로 자주 시험에 드는 경우도 있고, 우상숭배가 심한 가정에서 처음 예수를 믿었기에 공격을 많이 받는 경우도 있다.

하지만 무엇보다 근본적인 이유는 말씀과 기도의 삶이 세워지지 않았기 때문이라 생각한다. 삶에 말씀과 기도의 반석이 없는데 어찌 유혹과 역경 앞에서 견딜 수 있겠는가. 마치 모래 위에 지은 집과 반석 위에 지은 집의 차이처럼 말이다.

그러므로 누구든지 나의 이 말을 듣고 행하는 자는 그 집을 반석

위에 지은 지혜로운 사람 같으리니 비가 내리고 창수가 나고 바람
이 불어 그 집에 부딪치되 무너지지 아니하나니 이는 주추를 반석
위에 놓은 까닭이요 나의 이 말을 듣고 행하지 아니하는 자는 그
집을 모래 위에 지은 어리석은 사람 같으리니 비가 내리고 창수가
나고 바람이 불어 그 집에 부딪치매 무너져 그 무너짐이 심하니라
마 7:24-27

생각해보라. 비가 내리고 창수가 나고 바람이 불면 모래 위
에 지은 집은 당연히 무너져 내린다. 바보가 아니고서야 누가
모래 위에 집을 짓겠는가. 당연히 든든한 반석 위에 집을 지어
어떤 비바람에도 견딜 수 있게 할 것이다. 그런데 왜 우리는 시
험과 유혹 앞에 대처하지 않을까.

예수를 모르는 사람들은 돈으로, 자신의 능력으로, 세상적
인 갖가지 방법으로 대처하고자 발버둥 쳐보지만 결국은 그
것조차도 모래성이었음을 깨닫게 된다. 하물며 예수를 믿는
우리는 어찌 세상 사람들처럼 모래성을 쌓으려고 발버둥 치며
주님께서 명백히 알려주신 말씀을 따르지 않을까.

분명 예수를 믿고 하나님의 자녀가 되었다면, 주님의 말씀
대로 살아야 한다. 말씀과 기도의 삶을 사는 것은 '참고 사항'
이 아니라 '필수 요건'이다. 모래와 반석에 지은 집 비유에 앞
서 예수님이 하신 말씀은 이와 같다.

나더러 주여 주여 하는 자마다 다 천국에 들어갈 것이 아니요 다만 하늘에 계신 내 아버지의 뜻대로 행하는 자라야 들어가리라

마 7:21

두렵고 떨리는 말씀이다. 물론 우리의 선으로 죄를 사함 받아 천국에 들어갈 수 있는 것은 아니다. 전적인 예수님의 십자가 공로로, 그 은혜로 우리는 구원받았다. 하지만 진정 예수님을 믿고, 구원자로 모신 사람이라면 그분의 말씀을 따르지 않을 수 없다.

그것이 증거로 분명 나타나게 되어있다. 교회를 다니고, 예수를 믿는다고 하면서도 늘 세상을 좇으며 세상 사람들과 전혀 구별되지 않은 모습으로 살아간다면 그가 진정 예수를 믿는 것일까? 물론 아기가 태어나 조금씩 자라가듯이 구원받은 사람들도 오랜 시간에 걸쳐 조금씩 변화된다.

하지만 말씀과 기도의 삶에 전혀 반응이 없고, 도무지 그런 삶이 일어나지 않는다면 어쩌면 예수가 아닌, 기독교라는 종교를 붙들고 있는지도 모르겠다.

내가 이 책을 쓰고 싶었던 이유도 기도를 하고 싶은데 어떻게 시작해야 할지 잘 모르겠고, 번번이 넘어져 괴로운 그리스도인들을 돕고 싶은 마음에서였다.

과거에 나도 그것이 고민이어서 오랜 시간 씨름하며 발버둥

첬기 때문이다. 내 안에 예수의 생명이 있음에도, 기도하지 않는 나로 인해 성령께서 근심하시는 것 같았다. 그러니 인생에 비바람이 몰려오면 쉽게 넘어질 수밖에 없었다. 그래서 기도하고 싶었고, 기도하기 싫어하는 내 자아를 못 박고 기도로써 주님을 따르는 인생으로 변화하고 싶었다.

우리 인생에는 반드시 유혹과 역경이 찾아온다. 경중의 차이는 있겠지만 어떤 인생도 예외는 없다. 우리는 기도로 견디며 넘어설 수 있다. 시험에 들지 않게 해달라고 주님께 기도해야 한다.

시험에 들면 자연스레 악으로 이어지기 쉽다. 우리를 악한 길로 끌어가기 위해 원수가 유혹(temptation)의 덫을 놓는다. 시험에 들지 않아야 악에 빠지지 않는다. 만약 시험에 들었다면 악으로 이어지지 않도록 '다만 악에서 구하옵소서'라고 기도해야 한다. 우린 연약하다. 흔들리고 넘어진다.

그래서 예수님이 우리에게 기도를 가르쳐주셨다. 시험에 들지 않도록, 악에 빠지지 않도록 건져주시길 구하라고. 기도할 때 주님께서 우리를 붙드시며 또한 우리의 영혼이 깨어난다. 자신도 모르게 시험으로 달려가고 있다가도 기도할 때 정신이 번쩍 든다. 기도하지 않으면 잠들 수밖에 없다.

그러면 시험에 들어 악으로까지 나아간다. 하나님께 붙들리는 삶이 아니라 사단에게 붙들리는 삶이 되어버린다. 사단은 영악하다. 멍청하지 않다. 절대 우리가 알아차리도록 쉽게 그물을 놓지 않는다. 우리의 지혜와 힘으로 이길 수가 없다. 하지만 기도할 때, 분별할 수 있는 영안이 열린다.

그 유혹이 주님으로부터 온 것이 아니라 사단으로부터 온 보암직도 하고 먹음직도 한 덫이었음을, 악으로 이끄는 어둠의 길이었음을 깨달을 수 있을 것이다. 기도하자. 시험에 들지 않고 악에 빠지지 않도록 기도로 깨어있자. 기도할 때 분명 주님께서 우리를 건지시며 도우실 것이다.

마귀의 간계를 능히 대적하기 위하여 하나님의 전신갑주를 입으라 우리의 씨름은 혈과 육을 상대하는 것이 아니요 통치자들과 권세들과 이 어둠의 세상 주관자들과 하늘에 있는 악의 영들을 상대함이라 그러므로 하나님의 전신갑주를 취하라 이는 악한 날에 너희가 능히 대적하고 모든 일을 행한 후에 서기 위함이라 그런즉 서서 진리로 너희 허리띠를 띠고 의의 호심경을 붙이고 평안의 복음이 준비한 것으로 신을 신고 모든 것 위에 믿음의 방패를 가지고 이로써 능히 악한 자의 모든 불화살을 소멸하고 구원의 투구와 성령의 검 곧 하나님의 말씀을 가지라 모든 기도와 간구를 하되 항상 성령 안에서 기도하고 이를 위하여 깨어 구하기를 항상 힘쓰며 여러 성도를 위하여 구하라 엡 6:11-18

ex. 아버지, 서운한 마음이 있습니다. 당연히 서운할 수밖에 없는 상황이라고 여겼는데 이것이 사단이 놓은 덫이 아닌가 돌아봅니다. 시험에 들지 않도록 제 마음과 생각을 지켜주세요. 일곱 번씩 일흔 번도 용서하라고 하신 예수님의 말씀을 기억할게요. 지금 제 앞에 놓인 선택 앞에서 이것이 주님이 주신 길인지, 유혹의 길인지 분별하기 원합니다. 하나님의 뜻을 알기 원합니다. 다만 악에 빠지지 않도록 저를 깨워주시고, 마음과 생각을 지켜주셔서 하나님이 이끄시는 길, 주님과 동행하는 길로만 다니게 해주세요.

나라와 권세와 영광이

아버지께 영원히 있사옵나이다 아멘(마 6:13)

나라-바실레이아(헬) = 왕권, 통치

권세-뒤나미스(헬) = 힘, 능력

영광-독사(헬) = 거룩, 위엄, 찬양

'나라'와 '권세'와 '영광'이 우리가 아빠 아버지라 부르는 하나님께 지금부터 영원까지 있음을 믿는가? 우리가 기도하는 이유도, 기도할 수 있는 근거도 바로 여기에 있다. 이 모든 것이 바로 하나님 아버지께 있기 때문이다.

우리가 얼마나 믿음을 갖고 기도하는지 돌아보자. 간절히 하나님께 구하면서도 정작 그분에 대한 신뢰를 갖고 있는지 그렇지 않은지. 성경에도 웃어야 할지 울어야 할지 모를 해프닝이 소개되어 있다.

베드로가 감옥에 갇히고, 교회는 그를 위하여 하나님께 간절히 기도하였다. 헤롯이 베드로를 백성들 앞에 끌어내기로 한 그 전날 밤이었다. 베드로는 두 쇠사슬에 묶여, 군인 두 사람 틈에서 잠들어 있었고, 문 앞에는 파수꾼들이 감옥을 지키고 있었다. 그런데 갑자기 주님의 천사가 나타나고, 감방에 빛이 환히 비치었다. 천사가 베드로의 옆구리를 쳐서 깨우고 말하기를 "빨리 일어서라" 하였다. 그러자 쇠사슬이 그의 두 손목에서 풀렸다. 천사가 베드로에게 "띠를 띠고, 신을 신어라" 하고 말하니, 베드로가 그대로 하였다. 또 천사가 그에게 "겉옷을 두르고, 나를 따라오너라" 하니, 베드로가 감방에서 나와서, 천사를 따라갔다. 베드로는 천사가 하는 일이 참인 줄 모르고, 자기가 환상을 보고 있는 것이라고 생각하였다. 그들이 첫째 초소와 둘째 초소를 지나서, 시내로 통하는 철문에 이르니, 문이 저절로 열렸다. 그래서 그들은 바깥으로 나와서, 거리를 하나 지났다. 그때에 갑자기 천사가 떠나갔다. 그때에야 베드로가 정신이 나서 말하였다. "이제야 참으로 알겠다. 주님께서 주님의 천사를 보내셔서, 헤롯의 손에서, 그리고 유대 백성이 꾸민 모든 음모에서, 나를 건져주셨다." 이런 사실을 깨닫고서, 베드로는, 마가라고도 하는 요한의 어머니 마리아의 집으로 갔다. 거기에는 많은 사람이 모여서 기도하고 있었다. 베드로가 대문을 두드리니, 로데라는 어린 여종이 맞으러 나왔다. 그 여종은 베드로의 목소리를 알아듣고, 너무 기뻐서, 문을 열지도 않고 도로 달려 들어가서, 대문 앞에 베드로가 서 있다고 알렸다. 사람들이 여종에게 "네가 미쳤구나" 하고 말하자, 여종은 참말이라고 우겼다. 그러자 그들은 "베드로의 천사일 거야" 하고 말하였다. 그동안에 베드로가 줄곧 문을 두드리니, 사람들이 문을 열어서 베드로를 보고, 깜짝 놀랐다. 행 12:5-16, 새번역

초대교회 성도들은 감옥에 갇힌 베드로를 위해서 밤이 늦도록 철야기도를 했다. 하나님께서는 신실하게 그들의 기도를 들으시고 천사를 보내어 베드로를 기적적으로 감옥에서 끌어내셨다. 하지만 그가 문 앞에 있다는 여종에게 성도들이 보인 반응은 "네가 미쳤다"였다.

그리고 문을 열어 그를 실제로 보자 깜짝 놀랐다고 했다. 기대한 바가 이루어져서 터져 나오는 기쁨의 반응이 아니라, 상상치 못한 일이 일어났을 때 놀라며 이상히 여기는 반응이었다. 분명 그들은 마음을 다해 기도했고, 열심으로 기도했다. 하지만 정작 기도를 들으시고 일을 행하시는 능력과 힘과

위엄이 주님께 있음을 믿지 않았던 것 같다.

우리는 과연 어떠한가? 나라와 권세와 영광이 아버지께 있음을 믿고 기도하는가. 또 하나의 예화를 소개할까 한다.

3대가 예수를 믿는 가정이 있었다. 어느 날, 할아버지, 아들 딸 내외, 어린 손주들이 함께 모여 예배를 드렸다. 찬송을 부르고 말씀을 읽고 기도를 했다. 그날 예배 후에 다 같이 외출할 예정이었는데 하필 비가 왔다. 그래서 기도 가운데 이렇게 구했다.

"하나님, 저희 가족이 나들이를 가려고 하는데 비가 옵니다. 좋은 날씨를 허락하여 주십시오. 비가 멈추고 해가 날 수 있게 해주세요."

그러고는 집을 나섰다. 어른들은 모두 우산을 챙겨들었다. 이 모습을 본 어린 손주가 할아버지께 물었다고 한다.

"할아버지, 하나님한테 비가 안 오게 해달라고 기도했는데 왜 우산을 가져가요?"

3대 중 어린 손주의 믿음이 가장 좋아 보인다. 우리는 기도는 기도대로 하고, 믿음의 문제는 별개일 때가 많다. 기도하는 우리의 모습, 열심, 자세는 염두에 두면서 정작 기도를 받으시고 이루시는 분이 '하나님 아버지'이심은 자꾸 잊어버린다.

우리가 기도할 수 있는 이유는 하나님께 있다. 기도를 이루시는 분은 주님이시다. 예수님도 제자들에게 기도에 대해 이렇게 말씀하셨다.

> 그들이 아침에 지나갈 때에 무화과나무가 뿌리째 마른 것을 보고 베드로가 생각이 나서 여짜오되 랍비여 보소서 저주하신 무화과나무가 말랐나이다 예수께서 그들에게 대답하여 이르시되 하나님을 믿으라 내가 진실로 너희에게 이르노니 누구든지 이 산더러 들리어 바다에 던져지라 하며 그 말하는 것이 이루어질 줄 믿고 마음에 의심하지 아니하면 그대로 되리라 그러므로 내가 너희에게 말하노니 무엇이든지 기도하고 구하는 것은 받은 줄로 믿으라 그리하면 너희에게 그대로 되리라 막 11:20-24

전날 예수님이 무화과나무를 향해서 선포하신 대로 이루어진 것을 보고 베드로가 놀라서 예수님께 얘기했다. 이에 대한 예수님의 대답은 "하나님을 믿으라"였다. 예수님이 무화과나무를 향해 선포하실 때 그들은 그것을 이루실 하나님을 인식하지 못했다.

곧 하나님에 대한 믿음이 없었다는 뜻이다. 그런 우리를 향해 예수님은 기도할 때 '의심치 말고 믿고 구하라'고 말씀하신다. 산이 들려서 바다에 빠지는 상상조차 하기 힘든 일도 하나님을 믿고 구하면 그대로 되리라고 말씀하신다.

왜냐하면 그것을 이루는 것은 바로 '하나님의 뜻과 능력'에 달려있기 때문이다. '예수 그리스도의 이름의 능력'에 달린 것이지 우리에게 달린 것이 아니다. 단, 구해야 한다. 우리가 구할 때, 그것이 주님의 뜻에 맞다면 주님께서 이루지 못하실 일은 아무것도 없다.

정리해보자. 모든 것을 다스리시며, 능력과 위엄을 가진 하나님은 나를 끔찍이 사랑하시는 아버지이다. 더욱이 그 아버지는 우리를 그분의 뜻과 동역할 수 있는 동역자로 부르셨다. 아버지의 뜻을 구할 때, 산이 들려 바다에 빠지는 엄청난 일일지라도 우리와 함께 반드시 그것을 이루시고 만다.

아, 이 얼마나 놀라운 일인가! Amazing Grace! 죄인으로 죽을 수밖에 없던 우리를 어둠에서 불러내어 죄를 씻어주시고, 자녀 삼아 주시고, 하나님의 영광스런 일을 함께 이루는 동역자로 불러주시다니.

기도는 우리의 특권이자 말로 다 할 수 없는 은혜이며, 생명이다. 우리는 기도로 하나님과 연결되고, 기도로 하나님을 알아가고, 기도로 하나님을 닮아가며, 기도로 하나님을 움직이게 한다.

기도는 마치 산모와 태아를 연결해주는 탯줄과도 같다. 기도는 생명줄이다. 생명줄이 끊어지면 죽는다. 우리가 항상 기도해야 하는 이유가 바로 이것이다. 기도하지 않아 시들시들해져 죽음을 향해 가는 당신의 영혼을 내버려두지 말고, 생명줄을 붙들고 날마다 하나님과 동행하는 삶을 살기를 간절히 바라며 응원한다.

ex. 나라와 권세와 영광, 이 모든 것이 아버지께 있음을 믿습니다. 제가 기도할 수 있는 이유이며, 기도해야 하는 이유입니다. 모든 것을 이루실 주님을 믿고, 찬양합니다. 모든 이름 위에 뛰어나신 예수 그리스도의 이름으로 기도합니다. 아멘.

12's Practice

• 주기도문에 맞게 당신의 기도문 써보기

하늘에 계신 우리 아버지여 _____

이름이 거룩히 여김을 받으시오며

_____

나라가 임하시오며 뜻이 하늘에서 이루어진 것같이 땅에서도 이루어지이다

_____

오늘 우리에게 일용할 양식을 주시옵고

_____

우리가 우리에게 죄 지은 자를 사하여 준 것같이 우리 죄를 사하여 주시옵고

_____

우리를 시험에 들게 하지 마시옵고 다만 악에서 구하시옵소서

_____

나라와 권세와 영광이 아버지께 영원히 있사옵나이다 아멘

_____

당신을 위한, 기도시작반

초판 1쇄 발행	2018년 11월 5일
초판 16쇄 발행	2024년 6월 19일

지은이 　　유예일

펴낸이 　　여진구
책임편집 　김아진
편집 　　　이영주 박소영 최현수 안수경 김도연 정아혜
책임디자인 마영애 노지현 | 조은혜 이하은
홍보·외서 　진효지
마케팅 　　김상순 강성민　　　마케팅지원 　최영배 정나영
제작 　　　조영석 허병용　　　경영지원 　　김혜경 김경희 이지수

303비전성경암송학교 유니게 과정
이슬비전도학교 / 303비전성경암송학교 / 303비전꿈나무장학회

펴낸곳 　　규장

주소 　06770 서울시 서초구 매헌로 16길 20(양재2동) 규장선교센터
전화 02)578-0003 　팩스 02)578-7332
이메일 kyujang0691@gmail.com 　　　홈페이지 www.kyujang.com
페이스북 facebook.com/kyujangbook 　인스타그램 instagram.com/kyujang_com
카카오스토리 story.kakao.com/kyujangbook
등록일 1978.8.14. 제1-22

책값 　뒤표지에 있습니다.
ISBN 978-89-6097-556-9 03230

규 | 장 | 수 | 칙

1. 기도로 기획하고 기도로 제작한다.
2. 오직 그리스도의 성품을 사모하는 독자가 원하고 필요로 하는 책만을 출판한다.
3. 한 활자 한 문장에 온 정성을 쏟는다.
4. 성실과 정화를 생명으로 삼고 일한다.
5. 긍정적이며 적극적인 신앙과 신행일치에의 안내자의 사명을 다한다.
6. 충고와 조언을 항상 감사로 경청한다.
7. 지상목표는 문서선교에 있다.

하나님을 사랑하는 자 곧 그의 뜻대로 부르심을 입은 자들에게는 모든 것이 合力하여 善을 이루느니라(롬 8:28)

규장은 문서를 통해 복음전파와 신앙교육에 주력하는 국제적 출판사들의
협의체인 복음주의출판협회(E.C.P.A:Evangelical Christian Publishers
Association)의 출판정신에 동참하는 회원(Associate Member)입니다.